AF555535

Lane d'or in 16. chez jean de
Tournes a Lion estampes gout
du petit Bernard 1552 ou environ
de la Bouthiere. son traducteur
le vante dans sa preface de l'avoir
rendu plus correcte que ~~celle~~ las
vieilles traductions qu'un ami
lui a apporté, il prie le
lecteur de l'excuser s'il se trou-
ue quelques fautes, et de ne point
chercher 4 pieds en un mouton
il a suivi, le texte en tout
excepté ... livre qu'il a
trouvé en ... yeux, il s'est servi
du texte grec de Lucien.

l'ane d'or in 16 chez l'angelier
a paris en 1602 est précis
et laconique orné de commentaires fort curieux par
Montlyard.
ce traducteur critique dans sa
preface fort vigoureusement

Del Asino ~~..~~ Dor°. di Nicolo Macchiavelli, in Roma 1588. F.T

I. Louueau d'orléans traducteur [du] dit liure imprimé a paris par Cl. Micard 1584

Il le traitte d'ane de plomb

Il paroit que Monstyard n'a pas connüe les autres traductions.

Il y a vne traduction in 4.° auec estampes que jay vüe

En 1707, il a parü vne traduction nouuelle in 12 en 2 vol. R'imprimée en 1736, le stile est elegant poli, mais enervé, la raison par ce qu'il est mutilé.

L'original latin est vne chaine perpetuelle d'eloquence et d'erudition, dont on ne peut oter le moindre anneau sans oter la force et la beauté.

L'ANE D'OR D'APULÉE

PHILOSOPHE PLATONICIEN,

AVEC

LE DEMON DE SOCRATE,

Traduits en François, avec des Remarques.

TOME PREMIER.

A PARIS,

Chez MICHEL BRUNET, dans la grande Salle du Palais, au Mercure Galant.

M. DCC. XXXVI.

AVEC PRIVILEGE DU ROY.

PREFACE.

L'Ane d'Or d'Apulée est un Ouvrage si célébre, que ceux qui ne peuvent le lire en Latin, ne laissent pas de prendre plaisir à lire une mauvaise traduction qui en fut faite il y a environ cent ans, & qui par conséquent est en vieux langage. Si elle n'avoit que ce seul défaut, je me garderois bien de la mépriser; ce même défaut, qui n'en étoit pas un alors, n'a point effacé dans la suite le mérite & les vrayes beautés de plusieurs autres Ouvrages du siécle passé. Le Plutarque d'Amiot n'est peut-être pas moins estimé présentement qu'il l'étoit du tems d'Henri III.

Mais pour l'Ane d'Or en

vieux François, il n'y a personne qui ne convienne, qu'il est d'ailleurs très-mal écrit, & que souvent il est impossible d'y rien comprendre. Cependant il y a tant d'esprit répandu dans l'original, & il est plein de choses si brillantes, qu'elles se font entrevoir, & qu'elles percent quelquefois l'obscurité qui les enveloppe dans cette ancienne traduction.

Voilà ce qui fait sans doute que bien des gens ne laissent pas de la lire, faute d'une meilleure ; & c'est ce qui m'a persuadé, que si on en faisoit une nouvelle qui pût donner l'idée qu'on doit avoir du mérite de cet Auteur, elle seroit bien reçûë du Public. J'y

2
ABCDEFGHIKLM
NOPQRSTVXYZ&
Briceau

ai donc travaillé avec beaucoup de ſoin ; mais quelque peine que j'y aye priſe, je ne ſuis pas aſſez vain pour me flater d'y avoir parfaitement réüſſi. Je ſçai qu'il eſt très-difficile de conſerver dans une traduction toute la force & les graces qui ſont dans l'original.

Le génie des Langues eſt different ; & comme la beauté d'une penſée dépend ſouvent de la force & de la proprieté des mots qui ſervent à l'exprimer en Latin, il arrive quelquefois que cette même penſée miſe en François, paroît moins animée, parce qu'elle a perdu la vivacité des termes qui en faiſoit tout l'éclat. A la vérité, il y a auſſi bien des endroits où un ancien Auteur ne doit rien perdre de ſes avantages en parlant notre Langue. Le jugement du Public m'apprendra ſi j'en ai donné quelques preuves dans cette traduction.

Apulée a affecté dans cet ouvrage un certain ſtile poétique, & beaucoup d'expreſſions extraordinaires qui le rendent un peu obſcur. C'eſt ce qui a engagé pluſieurs Sçavans à faire de très-amples Commentaires pour l'éclaircir. J'ai conſulté ceux de Beroald, de Priceus, de Colvius, & ce que pluſieurs autres ont écrit; mais aucun ne m'a tant ſervi que celui qu'a fait Mr. Fleuri, à l'uſage de Mgnr. le Dauphin. Ce ſçavant homme a une ſi grande connoiſſance de l'antiquité, & est si profond en tout genre d'érudition, que rien n'a échapé à ses lumieres, sur les passages les plus obscurs de cet Auteur, & j'avouë que son travail m'a été d'un fort grand secours.

J'ai retranché quelques endroits qui sont trop sales dans le texte, & j'ai adouci ceux qui sont trop libres. Notre Langue est beaucoup plus chaste que la Grecque ou la Latine. Les beaux esprits de l'antiquité, & même plusieurs grands Philosophes ont écrit bien des choses, dont la simple lecture offenseroit les oreilles des honnêtes gens de ce tems-ci, & même de ceux qui font profession de galanterie.

J'ai suivi mon Auteur dans

tout le reste le plus scrupuleusement que j'ai pû, sans pourtant m'attacher trop servilement à le rendre toujours mot à mot, mais aussi sans jamais perdre de vûë sa pensée. J'ai omis quelques épithetes qui peuvent avoir leurs graces dans le Latin, & qui me sembloient en François rendre le discours languissant, & ne rien ajoûter à l'expression. Voilà toutes les libertés que j'ai prises.

Cet Ouvrage est une satyre continuelle des désordres dont les Magiciens, les Prêtres, les Impudiques & les Voleurs remplissoient le monde du tems d'Apulée. Outre ces sujets qui sont divertissans, on y voit avec plai-

B. Picard delineavit 1719.

ſir les mœurs & les coûtumes des Anciens, & l'on trouve dans l'onziéme Livre quantité de choſes fort curieuſes ſur leur Religion. Ceux qui cherchent la pierre philoſophale, prétendent que ces Métamorphoſes contiennent les myſteres du grand Oeuvre; c'eſt ce que j'ai bien de la peine à croire, & il n'y a guéres d'apparence qu'Apulée ſçût faire de l'or.

J'aurois pû étendre les Remarques qui ſont à la fin de chaque Livre, bien plus encore que je n'ai fait, le ſujet m'en fourniſſoit une ample matiere. Mais la plûpart de ceux qui liſent, le font plûtôt pour ſe divertir que pour s'inſtruire, & ne ſe ſoucient pas beaucoup de ces ſortes de recherches d'érudition, & les Sçavans n'en ont pas beſoin. Ainſi je n'ai fait de Remarques qu'autant que je l'ai jugé néceſſaire, pour ceux qui n'ayant point pratiqué cet Auteur, ſeront bien aiſe d'en avoir une parfaite intelligence; & auſſi pour rendre raiſon de quelques endroits trop licentieux dans l'original, que j'ai été obligé de retrancher dans ma traduction; de quelques autres dont j'ai adouci les expreſſions, par la même raiſon; & d'autres enfin, où, ſans m'écarter de la penſée de l'Auteur, j'ai fait quelques petits changemens, pour rendre mon ſtile plus clair & plus net.

I

LA VIE D'APULÉE.

1 LUCIUS APULE'E, Philosophe Platonicien, vivoit sous les Antonins. Il seroit difficile de marquer précisément le tems de sa naissance. On conjecture assez vrai-semblablement qu'il vint au monde sur la fin de l'Empire d'Adrien, vers le milieu du deuxiéme siécle. Il étoit de Madaure *, ville d'Afrique & Colonie Romaine, sur les confins de la Numidie & de la Getulie. Sa famille étoit considerable, & il paroît par plusieurs endroits de ses ouvrages, qu'il ne se fait pas beaucoup de violence pour parler de la grandeur de sa maison.

* *Aujourd'hui Madara, petit Bourg du Royaume de Tunis.*

Son pere, nommé Thésée, avoit exercé à Madaure la charge de Duumvir, qui étoit la premiere dignité d'une Colonie, & Salvia sa mere, originaire de Thessalie, étoit de la famille du fameux Plutarque. Il fut parfaitement bien élevé. On lui fit faire ses premieres études à Carthage, ensuite il alla à Athénes, où les beaux Arts & les Sciences fleurissoient encore. Il s'y appliqua à la[2] Poësie, à la Musique, à la Dialectique & à la Géométrie. Comme il étoit né avec un génie merveilleux, il fit en peu de tems de grands progrès dans toutes ces Sciences; mais celle où il s'attacha particulierement, & où il se donna tout entier, ce fut la Philosophie. Il choisit celle de Platon, qui dès sa premiere jeunesse, lui avoit paru préférable à toutes les autres, & il devint un de ses plus fameux Sectateurs.

Il quitta Athénes pour aller à Rome, où il apprit la Langue La-

2

tine, par le ſeul uſage & ſans le ſecours d'aucun Maître. Il y étudia la Juriſprudence, & y plaida pluſieurs cauſes avec un fort grand ſuccès. Mais une inſatiable curioſité de tout ſçavoir l'engagea à parcourir le monde, & à ſe faire même initier dans pluſieurs myſteres de Religion pour les connoître à fond.

Il retourna à Rome, ayant preſque conſumé tout ſon bien dans ſes études & dans ſes voyages; enſorte que ſe voulant faire recevoir Prêtre d'Oſiris, il ſe trouva fort embaraſſé, & fut obligé de vendre, pour ainſi dire, juſqu'à ſes habits, pour fournir aux frais de ſon initiation. Il s'attacha enſuite au Bareau, où ſon éloquence lui acquit une fort grande réputation, & lui donna le moyen de vivre commodément.

Au bout de quelque tems il retourna en Afrique, apparemment que l'envie de revoir ſa famille,

& de ramaſſer le peu qui lui reſtoit de ſon patrimoine lui fit faire ce voyage. Il y tomba malade dans Oëa *, ville maritime. Un nommé Pontianus, qui l'avoit connu à Athénes, l'engagea de venir loger avec lui chez ſa mere, où il eſpéroit qu'étant mieux ſoigné que par tout ailleurs, ſa ſanté ſe rétabliroit plus aiſément.

Cette femme nommée Pudentilla, étoit une veuve fort riche, & n'avoit que deux enfans. Pontianus l'aîné, ſçachant bien qu'elle avoit envie de ſe remarier, ſollicita Apulée de ſonger à l'épouſer. Il aimoit mieux qu'il devint ſon beau-pere, que quelqu'autre qui n'auroit pas été ſi honnête homme que lui. Quoique diſe ſur cela notre Philoſophe dans ſon Apologie, il y a apparence que voyant le mauvais état de ſes affaires, il accorda aſſez volontiers à ſon ami cette marque

* *Aujourd'hui Tripoli, ville capitale du Royaume de ce même nom.*

d'amitié qu'il exigeoit de lui.

Pudentilla, de ſon côté, ne fut pas long-tems ſans être touchée du mérite de ſon hôte. Elle trouvoit en lui un jeune homme parfaitement bien fait de ſa perſonne, un Philoſophe dont les mœurs & les manieres n'avoient rien de ſauvage, & qui avoit tout l'agrément & la politeſſe des gens du monde. Elle fut bien-tôt déterminée en ſa faveur, & elle réſolut de l'épouſer dès qu'elle auroit marié ſon fils, qui avoit jetté les yeux ſur la fille d'un nommé Ruffin.

Le mariage de Pontianus ne fut pas plûtôt achevé, que Ruffin regardant par avance la ſucceſſion de Pudentilla comme le bien de ſon gendre & de ſa fille, crut qu'il devoit mettre tout en uſage pour la leur conſerver entiere en rompant le mariage d'Apulée. Il changea donc entierement les diſpoſitions de l'eſprit de Pontianus, qui avoit lui-même engagé cette affaire, & il le porta à faire tous ses efforts pour en empêcher la conclusion. Mais ce fut en vain qu'il s'y opposa ; sa mere n'écouta que son inclination ; elle épousa Apulée dans une maison de campagne proche d'Oëa.

Peu de tems après Pontianus mourut. Son oncle nommé Emilianus se joignit à Ruffin pour concerter les moyens de perdre Apulée. Ils publierent qu'il avoit empoisonné Pontianus, qu'il étoit Magicien, & qu'il s'étoit servi de sortiléges pour captiver le cœur de Pudentilla. Ils ne se contenterent pas de répandre ces calomnies dans le monde, Emilianus les fit plaider par ses Avocats dans un procès qu'il avoit contre Pudentilla.

Apulée demanda qu'il eût à se déclarer sa partie dans les formes, & à signer ce qu'il avançoit. Emilianus pressé sur cela, n'osa le faire sous

ſous ſon nom, parce que les faux accuſateurs étoient condamnés à des peines proportionnées à l'importance de leur accuſation ; mais il le fit ſous le nom du ſecond fils de Pudentilla, nommé Sicinius Pudens, que ſa grande jeuneſſe mettoit à couvert de la rigueur des Loix.

Apulée fut donc déféré comme un Magicien, non pas devant des Juges Chrétiens, comme l'a dit S. Auguſtin *, mais devant Claudius Maximus, Proconſul d'Afrique, & Payen de Religion. Il ſe défendit merveilleuſement bien. Nous avons le diſcours qu'il prononça pour ſa juſtification ; c'eſt une très-belle piéce d'éloquence, & toute pleine de traits admirables.

Ses ennemis n'oſerent dans leur accuſation le charger de la mort de Pontianus ; ils ſe retrancherent à l'accuſer d'être Magicien. Ils s'efforçoient de le prouver par quan-

* *De la Cité de Dieu liv. 8. chap. 19.*

tité de choſes qu'ils rapportoient; mais principalement parce qu'il s'étoit emparé de l'eſprit & du cœur de Pudentilla, & qu'il n'étoit pas naturel qu'une femme à ſon * âge fût ſuſceptible d'une paſſion amoureuſe, & ſongeât à ſe remarier, comme s'il y avoit un âge où le cœur des femmes fût ſi bien fermé à la tendreſſe, qu'on eût beſoin de recourir à la Magie pour les rendre ſenſibles. « Vous vous étonnez, diſoit Apulée à ſes accuſateurs, qu'une femme ſe ſoit remariée après treize ans de viduité ; » il eſt bien plus étonnant qu'elle » ne ſe ſoit pas remariée plûtôt. »

Ils lui objectoient qu'il cherchoit des poiſſons rares & extraordinaires pour les diſſéquer ; ils ignoroient apparemment que cette curioſité fait partie de l'emploi d'un Phyſicien. Ils lui reprochoient en-

* *L'accuſateur ſoutenoit qu'elle avoit 60 ans ; mais Apulée prouva qu'elle n'en avoit guére plus de 40.*

core qu'il étoit beau, qu'il avoit de beaux cheveux, de belles dents, & un miroir, choſes indignes d'un Philoſophe, diſoient-ils, comme s'il étoit de l'eſſence d'un Philoſophe d'être d'une figure diſgraciée, & d'y joindre la malpropreté.

Apulée répond à tous ces reproches avec tout l'eſprit & toute l'éloquence poſſible. Il ne manque pas même par une infinité de traits vifs & ingénieux, de faire tomber le ridicule de ſes accuſations ſur ſes accuſateurs. A l'égard de ſon miroir, il prouve par pluſieurs raiſons qu'il pourroit s'en ſervir ſans crime. Il n'oſe cependant avoüer qu'il le faſſe ; ce qui fait voir que la Morale, par rapport à l'extérieur, étoit beaucoup plus rigide en ce temslà qu'eſt ne l'eſt aujourd'hui.

On l'accuſoit encore d'avoir dans ſa maiſon quelque choſe dans un linge qu'il cachoit avec ſoin, & qui ſans doute lui ſervoit à ſes ſortiléges ; d'avoir fait des vers trop libres, & de plusieurs autres bagatelles qui ne valent pas la peine d'être rapportées. Apulée se justifia parfaitement bien sur tout ce qu'on lui reprochoit, peignit Ruffin & Emilianus ses accusateurs, avec les couleurs qu'ils méritoient l'un & l'autre, & fut renvoyé absous.

Il passa le reste de sa vie tranquillement & en Philosophe ; il composa plusieurs Livres, les uns en vers, les autres en prose, dont nous n'avons qu'une partie. Il a traduit *le Phedon de Platon*, *& l'Arithmetique de Nicomachus*. Il a écrit, *de la République*, *des Nombres*, *& de la Musique*. On cite aussi *ses Questions de Table*, *ses Lettres à Cerellia*, qui étoient un peu libres, *ses Proverbes*, *son Hermagoras*, *& ses Ludicra*. Tous ces ouvrages ne sont point venus jusqu'à nous ; il ne nous reste de lui que *ses Métamorphoses ou son Ane d'Or*, *son Apologie*, *ses Traités de la Philosophie naturelle, de la Philosophie Morale, du Sillogisme, du Démon de Socrate, du Monde, & ses Florides*, qui sont des fragmens de ses déclamations.

Il est aisé de juger par les différens sujets qu'Apulée a traités, qu'il avoit un grand génie, & propre à toutes sortes de sciences. Son éloquence, jointe à sa profonde érudition, le faisoit admirer de tous ceux qui l'entendoient, & il fut en si grande estime, même de son vivant, qu'on lui éleva des statuës à Carthage, & dans plusieurs autres villes.

A l'égard de son Ane d'Or, il a pris le sujet de cette Métamorphose de Lucien ou de Lucius de Patras, qui étoit avant Lucien, & qui en est l'original; mais il l'a infiniment embelli par quantité d'épisodes charmantes, sur tout par la fable de Psiché, qui a toujours passé pour le plus beau morceau de l'antiquité en ce genre-là ; & tous ces incidens sont si ingénieusement enchaînés les uns aux autres, & si bien liés au sujet, qu'on peut regarder l'Ane d'Or, comme le modele de tous les Romans.

Il est plein de descriptions & de portraits admirables, & l'on ne peut nier qu'Apulée ne fût un fort grand peintre ; ses expressions sont vives & énergiques ; il hazarde, à la vérité quelquefois, certains termes qui n'auroient pas été approuvés du tems de Ciceron, mais qui ne laissent pas d'avoir de l'agrément, parce qu'ils expriment merveilleusement bien ce qu'il veut dire.

Quantité de Sçavans dans tous les siécles ont parlé d'Apulée avec beaucoup d'estime, & lui ont donné de grands éloges. S. Augustin entr'autres en fait mention * comme d'un homme de naissance, fort bien élevé & très-éloquent.

* *S. Aug. Ep. 5.*

Mais une chose surprenante, & qui fait bien voir l'ignorance & la superstition des peuples de ces tems-là, c'est que bien des gens prirent l'Ane d'Or pour une histoire véritable, & ne douterent point qu'Apulée ne fût très-sçavant dans la Magie[a]. Cette opinion ridicule se fortifia en vieillissant, & s'augmenta tellement dans la suite, que les Payens soutenoient qu'il avoit fait un si grand nombre de [b] miracles, qu'ils égaloient, ou même qu'ils surpassoient ceux de JESUS-CHRIST.

On auroit de la peine à croire qu'une telle impertinence eût été en vogue, si des personnages dignes de foi ne l'attestoient, & si nous ne voyions pas qu'on pria [c] S. Augustin de la réfuter.

Ce grand Saint se contenta de

a *S. Jerôme sur le Pseaume* 81. *Lactan. Instit. Divin. l.* 3. *chap.* 5. *Marcellin à S. Augustin.*

b *S. Augustin Epître* 5.

c *Marcellin à S. Augustin Epître* 4.

répondre, qu'Apulée * avec toute ſa Magie, n'avoit jamais pû parvenir à aucune Charge de Magiſtrature, quoiqu'il fut de bonne maiſon, & que ſon éloquence fût fort eſtimée, & qu'on ne pouvoit pas dire que ce fût par un mépris philoſophique qu'il vivoit hors des grands emplois, puiſqu'il ſe faiſoit honneur d'avoir une Charge de Prêtre, qui lui donnoit l'Intendance des Jeux publics, & qu'il diſputa avec beaucoup de chaleur contre ceux qui s'oppoſoient à l'érection d'une ſtatuë, dont les habitans d'Oëa le vouloient honorer, outre qu'on voit par ſon Apologie qu'il ſe défendit d'être Magicien comme d'un grand crime

* *S. Auguſtin Epître 5.*

L'ANE

CONVERSATIONS
Le Clerc

L'ANE D'OR D'APULÉE.

PHILOSOPHE PLATONICIEN.

LIVRE PREMIER.

JE vais tâcher d'attirer votre attention par le récit de plusieurs avantures divertissantes, pourvû que vous ne dédaigniez pas de lire un Ouvrage écrit dans le stile enjoüé des Auteurs Egyptiens. Vous y verrez les Métamorphoses surprenantes de plusieurs hommes changés en differentes formes, & remis ensuite dans leur état naturel. Je vais commencer ; mais auparavant, apprenez en peu de mots qui je suis.

Ma famille tire son ancienne origine d'Himene dans l'Attique, de l'Istme de Corinthe & de Ténare, dans le territoire de Sparte, Provinces fértiles & délicieuses, que les plus fameux Auteurs ont célébrées dans leurs Ouvrages immortels. Ce fut en ce païs-là dans la ville d'Athenes, où je commencai d'étudier la langue Grecque ; étant ensuite allé à Rome, j'y appris celle du païs avec une peine & un travail incroyable, n'étant guidé par aucun Maître. Ainsi je vous prie de m'excuser, s'il m'arrive de faire quelques fautes, en parlant une langue qui m'est étrangere, que je préfere

SEPTENTRIO
MERIDIES
OCCIDENS
ORIENS
GRAECIA
siue Hellas Cl.
Ptolemæi
A° 16 28.
MARE IONIVM
SINVS
ADRIATICVS
AEGAEVM
PELAGVS
CRETA
CARPATHIVM MARE
MACEDONIA
THESALIA
PELOPONNESVS
MYSIAE PARS
ASIA
LESBOS
CHIOS

cependant à la mienne, parce que ce changement de langage ressent déja en quelque façon les divers changemens dont je vais vous parler. Ecoutez avec attention, voici l'histoire de ce qui m'est arrivé en Grece, elle vous fera plaisir.

J'allois pour quelque affaire en Thessalie, d'où je tire aussi mon origine, ayant l'honneur de descendre, du côté de ma mere, du fameux Plutarque, & du Philosophe Sextus sont petit-fils. Après avoir traversé de hautes montagnes, de profondes vallées, des prez & des plaines, monté sur un cheval blanc de ce pays-là, qui étoit fort fatigué aussi-bien que moi; je mis pied à terre pour me délasser un peu en marchant quelque tems. Je débridai mon cheval, qui étoit tout en sueur; je le frottai soigneusement, & le menai au pas. Pendant qu'en chemin faiſant il arrachoit de côté & d'autre quelque bouchée d'herbe le long des prez par où nous paſſions ; je joignis deux hommes qui, par hazard, marchoient un peu devant moi ; & prêtant l'oreille à leurs diſcours, j'entendis que l'un dit à l'autre en éclatant de rire : De grace, ceſſe de me faire des contes auſſi ridicules, & auſſi outrés, que ceux que tu me fais. Ces mots excitans ma curioſité, je vous prie, leur dis-je, de vouloir bien me faire part de votre entretien : ce n'eſt point par aucune envie d'apprendre vos ſecrets que je vous le demande, mais par le déſir que j'ai de m'inſtruire ; & même l'agrément de la converſation applanira, pour ainſi dire, ce côteau, & diminuëra la fatigue que nous avons à le monter.

Celui qui venoit de parler continuant ſon diſcours ; ce que tu me contes, dit-il, eſt auſſi vrai que

Cris. de pas fe

ſi on diſoit que par des paroles magiques, on peut forcer les riviéres à remonter vers leur ſource, rendre la mer immobile, enchaîner les vents, arrêter le Soleil, forcer la Lune à jetter de l'écume, arracher les étoiles des cieux, faire ceſſer le jour, & ſuſpendre le cours de la nuit. Alors je repris la parole avec plus de hardieſſe :[2] Je vous prie, dis-je à l'un, vous qui avez commencé ces premiers diſcours, ne vous rebutez pas de les continuer. Enſuite m'adreſſant à l'autre : Et vous, lui dis-je, qui vous opiniâtrez à rejetter ce qui eſt peut-être très-véritable, vous ignorez apparemment que beaucoup de choſes paſſent pour fauſſes mal-à-propos, parce que l'on n'a jamais entendu, ni vû rien de pareil, ou parce qu'on ne peut les comprendre ; & ſi on les examine avec un peu de ſoin, on les trouve non-ſeulement véritables, mais même fort aiſées à faire. Car je vous dirai qu'un ſoir, ſoupant en compagnie, comme nous mangions à l'envie les uns des autres d'un gâteau fait avec du fromage, j'en voulus avaler un morceau un peu trop gros qui s'attacha à mon goſier, & m'ôtant la reſpiration, me mit à deux doigts de la mort; cependant j'ai vû depuis à Athenes, de mes propres yeux & de fort près, un charlatan devant le portique Pecile, qui avaloit une épée par la pointe, & dans le moment pour très-peu de choſe qu'on lui donnoit: il s'enfonçoit par la bouche un eſpieu juſqu'au fond des entrailles, en ſorte que le fer lui ſortoit par les aînes, & la hampe par la nucque du cou, au bout de laquelle paroiſſoit un jeune enfant beau & gracieux, qui, comme s'il n'eût eu ni os, ni nerfs, danſoit, & ſe plioit de maniere, que tous ceux qui étoient préſens en étoient dans l'admiration. Vous auriez cru voir ce fameux ſerpent qui s'entortille & ſe joue autour du bâton d'Eſculape. Mais vous, camarade, continuez, je vous prie, ce que vous aviez commencé : ſi celui-ci ne veut pas croire ce que vous direz, pour moi je vous promets d'y ajouter foi ; & par reconnoiſſance du plaiſir que vous me ferez, je payerai votre écot à la premiere hôtellerie.

Je vous remercie, dit-il, & vous ſuis obligé de l'offre que vous me faites Je vais reprendre le commencement de ce que je racontois ; mais auparavant je jure, par ce Dieu de la lumiere qui voit tout, que je ne vous dirai rien qui ne ſoit très-vrai & très-certain, & vous n'aurez pas lieu d'en douter un moment, ſi vous allez dans cette prochaine ville de Theſſalie, où cette hiſtoire paſſe pour conſtante parmi tous ce qu'il y a d'habitans, la choſe étant arrivée au vû & ſçû de tout le monde. Mais afin que vous ſçachiez auparavant qui je ſuis, quel eſt mon païs & mon trafic : je vous dirai que je ſuis d'Egine, & que je parcours ordinairement la Theſſalie, l'Etolie, & la Béotie, où j'achette du miel de Sicile, du fromage, & d'autres denrées propres aux cabarets. Or ayant appris qu'à Hipate, ville la plus conſiderable de la Theſſalie, il y avoit des fromages nouveaux, excellens, & à bon marché, j'y courus à deſſein d'acheter tout ce que j'y en trouverois ; mais étant parti ſous de mauvais auſpices, je me trouvai fruſtré, comme il arrive aſſez ſouvent, du gain que j'eſperois faire ; car un marchand en gros, nommé Lupus, avoit tout enlevé la veille que j'y arrivai. Me ſentant donc fort fatigué du

Bonis auſpiciis incipiendum.

A VSPICIIS res cœpta malis, bene cedere neſcit,
Felici quæ ſunt omine facta, iuuant.
Quidquid agis, muſtela tibi ſi occurrat, omitte:
Signa malæ hæc ſortis beſtia praua gerit.

voyage précipité & inutile que je venois de faire, je m'en allai le soir même aux bains publics.

Là j'apperçois un de mes camarades, nommé Socrate, assis par terre, à moitié couvert d'un méchant manteau tout déchiré, pâle, maigre & défait, comme sont d'ordinaire ces pauvres malheureux rebuts de la fortune qui demandent l'aumône au coin des ruës. Quoiqu'il fut mon ami, & que je le reconnusse fort bien, cependant l'état misérable où je le voyois fit que je ne m'approchai de lui qu'avec quelque incertitude. Hé, lui dis-je, mon cher Socrate, qu'est-ceci, en quel état es-tu ? quelle honte, ta famille a déja pris le deüil de ta mort qu'on croit certaine, le juge de ta province a donné des tuteurs à tes enfans, & ta femme après tes funérailles, fort changée par son affliction, & ayant presque perdu les yeux à force de pleurer, est contrainte par ses parens à faire succeder à la tristesse de ta maison, les réjoüissances d'une nouvelle nôce; pendant qu'à notre grande confusion tu parois ici plûtôt comme un spectre, que comme un homme. Aristomene, me dit-il, apparemment tu ne connois pas les détours trompeurs, l'inconstance, & les étranges revers de la fortune. Après ces mots il cacha la rougeur de son visage avec son méchant haillon rapetassé, de maniere que la moitié du corps lui demeura découvert; & moi ne pouvant soutenir plus long-tems la vûë d'un si triste spectacle, je lui tends la main, & tâche de le faire lever. Mais ce pâuvre homme ayant toujours le visage couvert, laisse, me dit-il, laisse joüir la fortune tout à son aise de son triomphe sur un malheureux. Enfin je fais en ſorte qu'il ſe leve, & dans le moment je dépoüille un de mes vêtemens & je l'en habille, ou pour mieux dire je l'en couvre; enſuite je le fais mettre dans le bain, je prépare moi-même l'huile & les autres choſes néceſſaires pour le nettoyer. Je le frotte avec ſoin: lorſqu'il fut bien net & bien propre, tout las que j'étois, j'aide à marcher à ce miſérable qui ne pouvoit ſe ſoutenir, & je le mene à mon hôtellerie avec bien de la peine. Je le fais coucher, je le fais manger & boire, & je tâche de le réjoüir par d'agréables diſcours.

La converſation commençoit déja à ſe tourner du côté de la plaiſanterie; nous étions en train de dire de bons mots, & de railler, lorſque tirant du fond de ſa poitrine un ſoupir douloureux, & ſe frappant le viſage, malheureux que je ſuis, s'écria t'il, pour avoir eu la curiosité d'aller à un fameux spectacle de gladiateurs, je suis tombé dans le déplorable état où vous m'avez trouvé ; car vous sçavez qu'étant allé en Macedoine pour y gagner quelque chose, comme je m'en revenois avec une assez bonne somme d'argent, après dix mois de séjour que j'y avois fait, un peu avant que d'arriver à Larisse pour voir le spectacle dont je viens de vous parler, je fus assailli dans un certain chemin creux & écarté, par une troupe de voleurs, qui ne me laisserent aller qu'après m'avoir pris tout ce que j'avois. Ainsi réduit à la derniere nécessité, j'allai loger chez une cabaretiere nommée Meroé, femme qui n'étoit plus jeune, mais qui étoit encore assez agréable. Je lui contai le sujet de mon voyage, & la triste avanture qui venoit de m'arriver ; elle me reçut & me traita avec

G

toute ſorte de bonté, me donna bien à ſouper, & gratuitement ; enſuite livrée aux tranſports d'une paſſion déréglée, elle me fit part de ſon lit, & depuis ce fatal moment je me ſuis trouvé comme enſorcellé par cette malheureuſe, juſqu'à lui donner mes habits, que les honnêtes voleurs avoient bien voulu me laiſſer, & tout ce que je gagnois en exerçant le métier de Fripier, pendant que je me portois bien. C'eſt ainſi que ma mauvaiſe fortune, & cette bonne perſonne m'ont enfin réduit dans l'état où vous me voyez.

En vérité, lui dis-je, vous méritez ce qu'il y a de plus cruel au monde, ſi toutefois quelque choſe peut l'être davantage que ce qui vous eſt arrivé, d'avoir préféré un infame plaiſir, une vieille débauchée à votre femme & à vos enfans. Mais Socrate portant ſon doigt ſur ſa bouche : Taiſez-vous, me dit-il, d'un air surpris & effraye, taisez-vous ; & regardant de tout côtés, comme un homme qui craint que quelqu'un ne l'écoute: Gardez-vous bien, continua-t'il, de parler mal d'une femme qui a un pouvoir divin, de crainte que vous ne vous attiriez quelque chose de funeste. Comment, lui dis-je, quelle sorte de femme est-ce donc que cette personne si puissante, cette Reine qui tient cabaret? C'est, dit-il, une Magicienne à qui rien n'est impossible, qui peut abbaisser les cieux, élever le globe de la terre, endurcir les eaux, rendre les montages fluides, arracher les ombres des enfers, & les Dieux même du plus haut de l'Olimpe, obscurcir les astres, éclairer le Tenare... Je vous prie, lui dis-je, quittez ce stile tragique, baissez la toile, & parlez un langage ordinaire.

ET pedibus segnis, tumida & propendulus aluo,
Hac tamen insidias effugit arte fiber.
Mordicus ipse sibi medicata virilia vellit,
Atque abicit, sese gnarus ob illa peti.
Huius ab exemplo disces non parcere rebus,
Et, vitam vt redimas, hostibus æra dare.

Voulez-vous, me dit-il, entendre une ou deux des choses qu'elle a faites, ou même un plus grand nombre ; car de vous dire que non-seulement les gens du païs l'aiment éperdûment, mais encore les Indiens, les Ethiopiens, en un mot les peuples de l'un & l'autre hémisphere, c'est un des moindres effets de son art, c'est une bagatelle, au prix de ce qu'elle sçait faire : écoutez ce qu'elle a exécuté aux yeux de plusieurs personnes.

Elle avoit un amant, qui, pour avoir fait violence à une autre femme dont il étoit amoureux, fut d'un seul mot changé en Castor ; afin qu'il lui arrivât la même chose qu'à cet animal, qui, pour se délivrer des chasseurs, se coupe lui-même ce qui fait qu'on le poursuit. Elle a transformé en Grenoüille un Cabaretier de son voisinage, qui tâchoit de lui ôter ses pratiques, & présentement ce vieillard nage dans un de ses tonneaux, & s'enfonçant dans la lie, invite d'une voix rauque ses anciens chalans, le plus officieusement qu'il peut.

Pour se vanger d'un Avocat qui avoit plaidé contre elle, elle l'a changé en Belier; & tout Belier qu'il est, il avocasse encore. Et parce que la femme d'un de ses amans avoit tenu d'elle quelques discours pleins de raillerie & de mépris, lorsque cette femme fut prête d'accoucher, elle l'empêcha de se délivrer, & la condamna à une perpétuelle grossesse. L'on dit que depuis huit ans que cette pauvre malheureuse est en cet état, elle a le ventre aussi gros & aussi tendu, que si elle devoit accoucher d'un Elephant.

Enfin cette Magicienne irrita l'indignation & la haine du public au point qu'il fut résolu qu'on la lapideroit le lendemain; mais elle sçut

7

Medea si vendica della ingratitudine di Giasone.

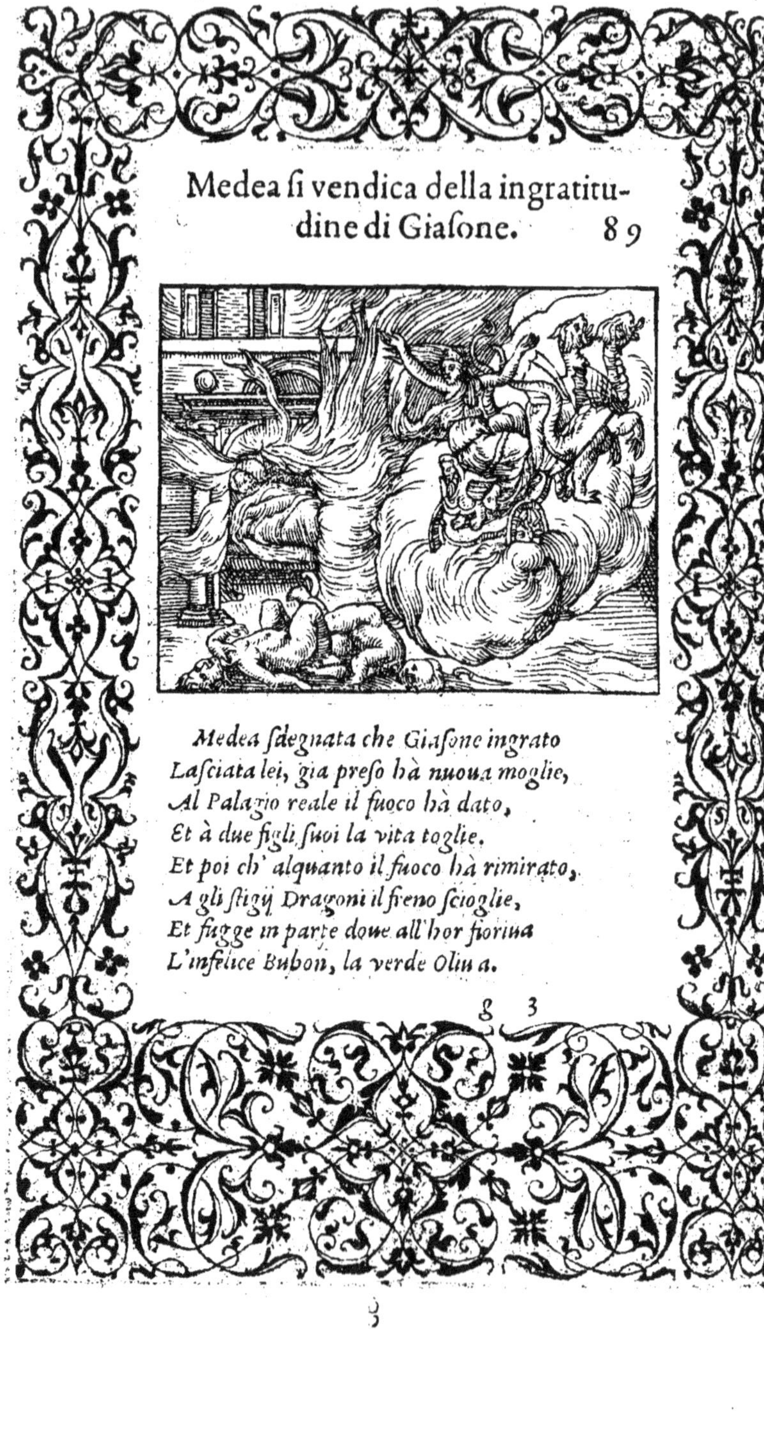

Medea sdegnata che Giasone ingrato
Lasciata lei, gia preso hà nuoua moglie,
Al Palagio reale il fuoco hà dato,
Et à due figli suoi la vita toglie.
Et poi ch' alquanto il fuoco hà rimirato,
A gli stigij Dragoni il freno scioglie,
Et fugge in parte doue all'hor fioriua
L'infelice Bubon, la verde Oliua.

ſçut fort bien s'en garantir par la force de ſon art : & comme Medée, qui avoit obtenu de Créon la permiſſion de differer ſon départ d'un jour, le brûla dans ſon palais avec ſa fille qu'il alloit marier à Jaſon ; de même cette Magicienne ayant fait ſes enchantemens autour d'une foſſe, (ainſi qu'elle-même étant yvre me l'a conté depuis peu) elle enferma ſi bien tous les habitans de la Ville dans leurs maiſons par la force de ſes charmes, que pendant deux jours entiers il leur fut impoſſible d'en enfoncer les portes, d'en rompre les murs, ni même de les percer, juſqu'à ce qu'enfin ils s'écrierent tous d'une voix triſte & ſuppliante, lui proteſtant avec ſerment qu'ils n'attenteroient rien contre ſa perſonne, & même que ſi quelqu'un avoit quelque mauvaiſe intention contre elle, ils la protegeroient & la ſecoureroient de tout leur pouvoir. Ainſi étant appaiſée, elle remit toute la Ville en liberté ; mais pour celui qui étoit le premier auteur de l'aſſemblée qui s'étoit tenuë contre elle, elle le tranſporta pendant la nuit avec ſa maiſon entiere, ſçavoir, le terrein, les murailles, les fondemens, enfin telle qu'elle étoit, à cent mille de là, en une Ville ſituée ſur le haut d'une montagne fort élevée, & qui par conſéquent, manquoit des commodités de l'eau ; & comme les maiſons des habitans étoient ſi ſerrées qu'il n'y avoit point de place pour celle-là, elle la planta devant la porte de la Ville, & ſe retira chez elle.

En vérité, lui dis-je, mon cher Socrate, vous me contez là des choſes bien ſurprenantes & bien terribles ; le ſcrupule où vous m'avez jetté, me donne de l'inquiétude, ou plûtôt un grande crainte que cette vieille, par le ſecours de ſon art & de ſes eſprits, ne ſçache ce que nous avons dit ; c'eſt pourquoi couchons-nous de bonne heure, & après avoir un peu reposé, fuyons de ces lieux avant le jour, & nous en éloignons autant qu'il nous ſera poſſible. Comme j'achevois de donner ce conſeil, le bon Socrate qui étoit fatigué, & qui avoit bû un peu plus qu'à l'ordinaire, dormoit déja, & ronfloit de toute ſa force. Pour moi, ayant fermé les verroux, & rangé mon lit contre la porte, je me jettai deſſus ; la peur m'empêcha quelque tems de dormir ; enfin je m'aſſoupis environ ſur le minuit.

A peine étois-je endormi, que la porte s'ouvre avec plus de fracas, que ſi des voleurs l'avoient enfoncée, les gonds même ſe briſent & s'arrachent de maniere qu'elle tombe par terre. Mon lit qui étoit fort petit, dont un des pieds étoit rompu & pourri, eſt renverſé par la violence de cet effort, & je me trouve dessous étendu sur le plancher. Alors je sentis qu'il y a de certaines passions qui produisent des effets qui leur sont contraires ; & comme il arrive souvent qu'on pleure de joie, de même au milieu de l'extrême frayeur dont j'étois saisi, je ne pus m'empêcher de rire, me voyant changé d'Aristomene en Tortuë.

ɛ Etant donc ainsi tout de mon long par terre, le lit renversé sur mon dos, regardant de côté la suite de cette avanture, je vois entrer deux vieilles femmes : la premiere portoit un flambeau allumé, & l'autre une éponge & un poignard. En cet état elles s'approchent de Socrate, qui dormoit profondément. Celle qui tenoit le poignard commença à dire : Voici mon cher Endimion, ma sœur Panthie ; voici mon Ganimede, qui jour & nuit a abusé de ma

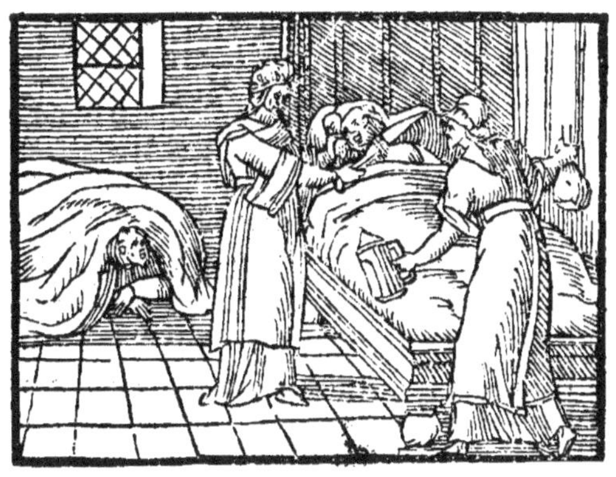

6

jeunesse ; voici celui, qui méprisant mon amour, non-seulement me diffame par ses discours, mais médite encore sa fuite ; & moi, malheureuse, abandonnée comme Calipso par la fourberie de cet Ulisse, je passerai le reste de ma vie dans les regrets & dans les pleurs.

Me montrant ensuite à sa sœur avec sa main : Pour Aristomene, dit-elle, ce bon donneur de conseils, qui le pousse à cette fuite, que voilà présentement à deux doigts de la mort, étendu par terre sous son lit, d'où il regarde tout ceci, croit-il qu'il m'aura offensée impunément ? je vais faire en sorte tantôt, que dis-je, dans un moment, & même tout-à-l'heure, qu'il se repentira de la maniere dont il a parlé de moi, & de la curiosité avec laquelle il nous regarde.

Je ne l'eus pas plûtôt entenduë

parler ainſi, qu'il me prit une ſueur froide, avec un tremblement ſi violent, que le lit, qui étoit ſur mon dos, en étoit tout agité. Que ne commençons-nous donc, ma ſœur, dit la bonne Panthie, par mettre celui-ci en piéces à la maniere des Bacchantes, ou après l'avoir lié comme il faut, que ne lui faiſons-nous le même traitement que Cybele fit à Atis ? Sur cela Meroé prit la parole, car je voyois bien par des effets que c'étoit celle-là-même, dont Socrate m'avoit tant parlé. Non, dit-elle, laiſſons au moins vivre celui-ci, afin qu'il couvre d'un peu de terre le corps de ce miſérable : enſuite ayant panché la tête de Socrate, elle lui plonge ſon couteau dans la gorge juſqu'au manche, & recueille le ſang qui en ſortoit dans un petit vaſe avec tant de ſoin, qu'il n'en paroiſſoit pas une ſeule goute. Voilà ce que j'ai vû de mes propres yeux.

une
ient
sur
Que
ma
par
ma-
près
ne
ite-
Sur
r je
c'é-
rate
lle,
-ci,
erre
aite
tte,
ans
re-
ans
in,
ule
nes

Demaretz in. *Thomassin sc.*

La bonne Meroé ne voulant même, comme je crois, oublier aucune des cérémonies qui s'observent aux ſacrifices, met ſa main droite dans la bleſſure de mon pauvre camarade, & la plongeant juſqu'au fond de ſes entrailles, elle lui arrache le cœur, pendant qu'il ſortoit par cette plaie une voix, ou plûtôt des ſens mal articulés, & que ce malheureux, rendoit l'eſprit avec les boüillons de ſon ſang.

Panthie boucha cette ouverture, qui étoit fort grande avec une éponge, en diſant : *Et toi, éponge, née dans la mer, garde-toi de paſſer par la riviere.* Cela fait, elles ôterent le lit de deſſus moi, & les jambes écartées ſur mon viſage, elles m'inonderent entierement.

A peine furent-elles ſorties, que la porte ſe releve, & ſe remet à ſa place, les gonds rentrent dans leurs trous ; les barres qui étoient derriere se rapprochent ; les verroux se referment, & moi étendu comme j'étois par terre, foible, nud, froid, & tout moüillé, comme si je n'eusse fait que de sortir du ventre de ma mere, demi mort, ou plûtôt survivant à moi-même, & comme un homme destiné au dernier supplice, que sera-ce de moi, disois-je, quand on trouvera demain matin cet homme égorgé ? qui pensera que ce que je dirai, quelque vrai qu'il puisse être, soit seulement vraisemblable ? Ne devois-tu pas au moins appeller du secours, me dira-t-on, si tu n'étois pas capable, grand & fort comme tu es, de résister à une femme : on égorge un homme à tes yeux, & tu ne dis mot ! Mais pourquoi n'as-tu pas eu le même destin que lui ? Pourquoi la cruauté de cette femme a-t'elle laissé la vie à un homme, qui

qui étant témoin du crime, pouvoit en révéler l'auteur? Ainſi puiſque tu as échapé la mort dans cette occaſion, il faut que tu meures maintenant.

Voilà ce que je ſongeois en moi-même. Cependant la nuit ſe paſſoit; c'eſt pourquoi je jugeai n'avoir rien de mieux à faire que de me dérober de ce lieu avant la pointe du jour, & de gagner païs du mieux que je pourrois. Je prend mon petit paquet, j'ôte les verroux, & mets la clef dans la ſerrure, je la tourne & retourne, & ne puis enfin qu'avec beaucoup de peine ouvrir cette bonne & ſûre porte qui s'étoit ouverte d'elle-même à minuit. Hola, dis-je, où es-tu? ouvre-moi la porte, de l'hôtellerie, je veux partir avant le jour. Le Portier qui étoit couché à terre auprès de la porte, me répond à moitié endormi: Eh quoi! ne ſçais-tu pas que les chemins sont remplis de voleurs ? toi qui veux partir pendant la nuit; ho, ho! vraiment si tu cherches la mort, parce que tu te sens coupable de quelque crime, nous n'avons pas des têtes de citroüilles à donner pour la tienne. Il fera jour dans un moment, lui dis-je; de plus, qu'est-ce que les voleurs peuvent prendre à un pauvre passant tel que moi ? ne sçais-tu pas, maître fou, que dix hommes, même des plus forts, ne sçauroient venir à bout d'en dépoüiller un qui est tout nud. Ce valet accablé de sommeil, se tournant de l'autre côté: Que sçais-je, me dit-il à demi endormi, si tu ne cherches point à te sauver, aprés avoir coupé la gorge à l'homme avec qui tu vins hier au soir ! Je crus dans ce moment que la terre s'ouvroit sous mes pieds jusqu'au fond des enfers, & que je voyois Cerbere prêt à me dévorer. Je connus bien alors que ce n'étoit pas par compaſſion que la bonne Meroé ne m'avoit pas égorgé, mais plûtôt par cruauté, afin que je mouruſſe par la main du bourreau.

Etant donc retourné dans ma chambre, je déliberois tout troublé, de quelle maniere je pourrois me donner la mort; mais comme la fortune ne me préſentoit d'autres armes pour cet effet que celles que mon lit pouvoit me fournir: Mon cher lit, lui dis-je, toi qui as tant ſouffert avec moi, qui as vû tout ce qui s'eſt paſſé cette nuit, & qui dans mon malheur eſt le ſeul témoin de mon innocence, prête-moi quelque arme favorable pour deſcendre promptement aux enfers. Auſſitôt je détache une corde dont il étoit entrelacé, & l'ayant jettée par un bout ſur un petit chevron qui avançoit au-deſſus de la fenêtre, après l'avoir bien attaché, je fait un nœud coulant à l'autre bout, & pour tomber de plus haut, je monte ſur le lit, & paſſe ma tête dans la corde ; mais comme d'un coup de pied que je donne ſur ce qui me ſoutenoit, je m'élance en l'air, afin d'être étranglé par mon propre poids, la corde qui étoit vieille & pourrie ſe rompt ; je tombe ſur Socrate, (car ſon lit étoit proche du mien) & je roule à terre avec lui.

Dans cet inſtant le Portier entre bruſquement, criant de toute ſa force : Où eſt-tu, toi, qui avois ſi grand'-hâte de partir de nuit, & qui dors encore. Alors, ſoit par ma chûte, ſoit par le bruit qu'avoit fait ce Valet en m'appellant, Socrate s'éveille & ſe leve le premier : En vérité, dit-il, ce n'eſt pas ſans raiſon que ces valets d'hôtellerie ſont haïs de tous ceux qui y logent ; car cet importun entrant avec trop de curiosité dans notre chambre, pour dérober, je croi, quelque chose, m'a réveillé par ses cris, comme je dormois d'un profond sommeil. Ces paroles me ressuscitent, pour ainsi dire, & me remplissent d'une joye inesperée. Eh bien, dis-je, Portier si fidele, voilà mon camarade, mon pere & mon frere tout ensemble, que dans ton yvresse tu m'accusois cette nuit d'avoir assassiné: en même-tems j'embrassois Socrate, & le baisois de tout mon cœur; mais lui, frappé de la vilaine odeur dont ces Sorcieres m'avoient infecté, me repousse rudement: Fi, dit-il, retire-toi plus loin, tu m'empoisonne; & dans le moment il me demanda en riant, qui m'avoit ainsi parfumé; mais je tournai la conversation sur autre chose, par quelques mauvaises plaisanteries que je trouvai sur le champ,

& lui tendant la main : Que ne partons-nous, lui dis-je, & que ne profitons-nons de la fraîcheur du matin. Ensuite je prens mon paquet, je paye l'hôte, & nous nous mettons en chemin.

Nous n'avions pas beaucoup marché, que le Soleil commença à paroître & à répandre ses premiers rayons. Je regardois avec soin la gorge de mon camarade, à l'endroit où je lui avois vû enfoncer le couteau, & je disois en moi-même : Extravagant que tu es, le vin dont tu avois trop bû t'a fait rêver d'étranges choses ! Voilà Socrate entier, sain & sauf. Où est cette playe ? où est cette éponge ? & enfin, où est cette cicatrice si grande & si récente ? Et m'adressant à lui : Ce n'est pas sans raison, lui dis-je, que les habiles Medecins tiennent que l'excès de boire & de manger cause des songes terribles ; car pour avoir un peu trop bû hier au soir, j'ai rêvé cette nuit des choses si cruelles & si effroyables, qu'il me semble encore à l'heure qu'il est, être tout couvert & soüillé de sang humain. Sur quoi Socrate souriant: On ne t'a pas, dit-il, arrosé de sang, mais bien d'urine : cependant je te dirai aussi que j'ai crû cette nuit qu'on m'égorgeoit ; car j'ai senti de la douleur au gosier : il m'a semblé encore qu'on m'arrachoit le cœur, & même dans ce moment, je me trouve mal, les jambes me manquent, j'ai peine à me soutenir, & je voudrois bien avoir quelque chose à manger pour reprendre des forces. Voilà, lui dis-je, ton déjeûner tout prêt ; & tirant ma besace de dessus mes épaules, je lui présente du pain & du fromage. Asseyons-nous contre cet arbre, lui dis-je. Cela fait, je me mets aussi à déjeûner ; & comme je le regardois manger avec avidité, je le vois pâlir à vûë d'œil; enfin sa couleur naturelle changea au point que mon imagination me représentant ces furies que j'avois vûës la nuit, la peur fit que le premier morceau de pain, quoique petit, que j'avois mis dans ma bouche, s'arrêta dans mon gosier. Ce qui augmentoit encore ma frayeur, étoit la quantité de gens qui passoient par là: en effet, qui pourroit croire que de deux hommes qui font chemin ensemble, l'un soit tué sans qu'il y ait de la faute de l'autre? Enfin, après que Socrate eût beaucoup mangé, il commença à avoir une soif extraordinaire; car il avoit dévoré avec avidité une bonne partie d'un excellent fromage. Assez près de l'arbre sous lequel nous étions, un agréable ruisseau couloit lentement, & formoit une espece de marais tran-

vi-
il;
n-
a-
es
ur
de
ois
ns
it
n-
à;
ne
e-
ns
?
n-
ir
il
ne
o-
ns
le
&
n-

10

11

quille, dont les eaux étoient brillantes comme de l'argent ou du cristal. Tenez, lui dis-je, rassasiez votre soif de cette eau claire & nette. Il se leve ; & couvert de son petit manteau, il se met à genoux à l'endroit le plus uni du bord du ruisseau pour boire à son aise.

10 A peine avoit-il touché l'eau du bout des lévres, que la plaie de sa gorge s'ouvre profondément ; l'éponge qui étoit dedans tombe avec un peu de sang, & son corps privé de vie alloit tomber dans l'eau, si le retenant par un pied, je ne l'eusse retiré sur le bord avec assez de peine ; où ayant pleuré mon pauvre camarade, autant que le tems me le permettoit, je le couvris de sable, & le laissai pour toujours dans le voisinage de cette riviere. Quant à moi, tout tremblant & saisi de frayeur, j'allai chercher les endroits les plus solitaires pour me

cacher ; & comme ſi j'euſſe été coupable d'un meurtre, je me ſuis banni volontairement de ma maiſon & de mon païs, & me ſuis établi en Etolie, où je me ſuis remarié. Voilà ce qu'Ariſtomene nous raconta.

En vérité, dit celui qui avoit paru ſi incrédule dès le commencement, rien n'eſt plus fabuleux que ce conte ; rien n'eſt plus abſurde que ce menſonge. Et vous, continua-t'il, ſe retournant de mon côté, qui par votre figure & vos manieres me paroiſſez un honnête homme, vous donnez dans une fable de cette nature ? Pour moi, dis-je, je crois qu'il n'y a rien d'impoſſible, & que toutes choſes arrivent aux hommes de la maniere que les deſtins l'ont ordonné. Car il nous arrive quelquefois à vous & à moi, & à tous les hommes, pluſieurs choſes extraordinaires & inoüies, qu'un ignorant à qui on les conteroit ne croiroit jamais : mais je ne doute nullement de tout ce qu'il vient de nous dire, & je le remercie de tout mon cœur du plaisir que son agréable récit nous a fait. Enfin, ce rude & long chemin que nous venons de faire, ne m'a ni fatigué, ni ennuyé ; il semble même que mon cheval ait eu part au plaisir que nous venons d'avoir, puisque sans le fatiguer je suis arrivé à la porte de cette ville, moins porté sur son dos, que suspendu par l'attention que mes oreilles prêtoient à ses discours.

Ainsi finit notre conversation & le chemin que nous faisions ensemble ; car ces deux hommes prirent à gauche pour gagner quelques métairies qui n'étoient pas loin. Pour moi, si-tôt que je fus entré dans la ville, je m'arrêtai au premier cabaret que je rencontrai, & je demandai à l'hôteſſe qui étoit une vieille femme : Eſt-ce ici Hipate ? Oüi, me répondit-elle. Connoiſſez-vous Milon, l'un des premiers de la ville, lui dis-je ? Elle ſe mit à rire. Il eſt vraï, dit-elle, qu'on peut dire que Milon eſt le premier d'ici, puiſqu'il demeure à l'entrée de la ville, hors l'enceinte des murailles. Ma bonne mere, lui dis-je, ſans plaiſanterie, je vous prie de me dire quel homme c'eſt, & où eſt ſa maiſon. Voyez-vous, me dit-elle, ces dernieres fenêtres, qui d'un côté ont vûë ſur la campagne, & de l'autre ſur cette prochaine petite ruë ; c'eſt là que demeure ce Milon, qui eſt puiſſamment riche, & qui a beaucoup d'argent comptant ; mais qui eſt d'une avarice extrême ; qui prête beaucoup à uſure ſur de bons gages d'or & d'argent, & qui, toujours veillant ſur ſon tréſor, ſe tient renfermé dans ſa

L 2

petite maiſon avec ſa femme, qui paſſe ſa vie auſſi ſordidement que lui. Ils n'ont pour tout domeſtique qu'une jeune ſervante;& pour lui, il paroît dans les ruës toujours habillé comme un gueux.

Sur cela je me mis à rire: en vérité, dis-je, mon ami Demeas a bien de la bonté & de la prévoyance, de m'avoir adreſſé à un homme chez qui je puis prendre le droit d'hoſpitalité, ſans craindre la fumée ni l'odeur de la cuiſine. Enſuite j'avançai quelques pas, & m'approchai de ſa porte, que je trouvai bien baricadée; j'y frappai de toute ma force, en appellant quelqu'un. Après un peu de tems parut une jeune ſervante. Hola! dit-elle, vous qui avez frapé ſi rudement à notre porte, ſur quoi voulez-vous emprunter. Seriez-vous bien le ſeul qui ne le ſçût pas, que nous ne prêtons que ſur des gages d'or & d'argent. Ayez meilleure opinion de moi, lui dis-je ; dites-moi plûtôt, si votre Maître est au logis. Oüi, dit-elle ; mais pourquoi me le demandez-vous ? J'ai, lui dis-je, des lettres à lui rendre de la part d'un ami qu'il a à Corinthe, nommé Demeas. Pendant que je vais l'avertir, dit-elle, attendez là : aussitôt elle rentra dans la maison, & referma la porte aux verroux. Un moment après l'ayant rouverte, elle me dit que son Maître me prioit de monter : j'entre & le trouve couché * sur un petit grabat, prêt à souper. Sa femme étoit assise à ses pieds, & il n'y avoit encore rien sur la table. Si-tôt qu'il me vit : Voici, dit-il, où vous logerez, s'il vous plaît. Je vous suis fort obligé, lui dis-je ; en même-tems je lui présentai la lettre de Demeas. Après qu'il l'eût luë fort vîte : Je sçai le meilleur

* Coutume ancienne.

gré du monde, dit-il, à mon ami Demeas, de m'avoir adressé un hôte de votre mérite. En même tems il fait retirer sa femme, & me prie de m'asseoir à sa place; & comme par honnêteté j'en faisois difficulté, me tirant par mon habit: Asseyez-vous là, me dit-il; car la peur que nous causent les voleurs, fait que nous n'avons pas ici de chaises, ni même les meubles qui nous seroient nécessaires. Je me mis donc auprès de lui.

Je jugerois aisément, continua-t'il, à votre bonne mine & à cette honnête pudeur que je vois répanduë sur votre visage, que vous êtes de bonne maison, quand même mon ami Demeas ne m'en assureroit pas dans sa lettre. Je vous demande donc en grace de ne point mépriser ce méchant petit logis; vous coucherez dans cette chambre prochaine, où vous ne ſerez pas mal. N'ayez point de répugnance de loger chez nous ; car l'honneur que vous ferez à ma maiſon la rendra plus conſiderable, & ce ne ſera pas une petite gloire pour vous, ſi vous imitez les vertus du grand Theſée, dont votre pere portoit le nom, qui ne dédaigna point de loger dans la petite maiſon de la bonne femme Hecale. Enſuite ayant appellé ſa ſervante : Fotis, dit-il, prend ſoin des hardes de notre hôte ; ſerre-les dans cette chambre ; porte-lui promptement de l'eſſence pour ſe frotter, avec du linge pour s'eſſuyer, & tout ce qui lui ſera néceſſaire, & conduis-le aux bains prochains; il doit être fatigué du long & fâcheux chemin qu'il a fait.

Alors je fis réflexion ſur l'avarice de Milon ; & voulant me concilier encore mieux ſes bonnes graces : Je n'ai pas beſoin, lui dis-je, dis-je, de toutes ces choses, que j'ai soin de porter toujours avec moi dans mes voyages, & l'on m'enseignera aisément les bains ; le principal est que mon cheval, qui m'a porté gayement, ait ce qu'il lui faut : tenez, dis-je, à Fotis, voilà de l'argent ; achetez-lui du foin & de l'orge.

Cela fait, & mes hardes serrées dans ma chambre, en allant aux bains, je jugeai à propos de passer au marché, & d'y acheter quelque chose pour mon souper. J'y trouvai quantité de beau poisson, & en ayant marchandé, on me fit cent deniers ce qu'on me donna ensuite pour vingt *. Comme je sortois du marché, Pithias, mon ancien camarade du tems que nous faisions nos études à Athenes, ayant été quelque tems à me reconnoître, vint m'embrasser avec toute la tendresse & la cor-

* 20 deniers, environ 8 livres de notre monnoie.

dialité possible : Mon cher Lucius, me dit-il, il y a bien long-tems que je ne vous ai vû, nous ne nous sommes point rencontrez depuis que nous avons quitté nos études, quel est le sujet de votre voyage ? Je vous l'apprendrai demain, lui dis-je ; mais qu'est-ce-ci ? Je vous félicite, car je vous vois vêtu en Magistrat, & des Huissiers avec des faisceaux marchent devant vous ? Je suis Edile, me dit-il, & j'ai cette année inspection sur les vivres : si vous avez quelque chose à acheter, je peux vous y rendre service. Je le remerciai, ayant suffisamment de poisson pour mon souper. Mais Pithias appercevant mon panier, & l'ayant secoüé pour mieux voir ce qui étoit dedans : Combien, dit-il, avez-vous acheté ce fretin ? A peine, lui dis-je, ai-je pû l'avoir pour vingt deniers. Alors me prenant par la main, & me ramenant au marché : Qui vous a vendu, me dit-il, cette mauvaiſe drogue ? Je lui montrai un vieillard qui étoit aſſis dans un coin. Auſſi-tôt il ſe met à le réprimander avec beaucoup d'aigreur, ſuivant l'autorité que lui donnoit ſa charge. Vraiement, dit-il, vous n'avez garde d'épargner les étrangers, puiſque vous écorchez ainſi nos amis ! Pourquoi vendez-vous ſi cher de méchans petits poiſſons ? Vous rendrez cette ville, qui eſt la plus floriſſante de la Theſſalie, déſerte & inhabitable par la cherté de vos denrées ; mais vous en ſerez puni : car tout préſentement je vais vous apprendre, comme pendant le tems de mon exercice, ceux qui font mal ſont châtiez. Et renverſant au milieu de la place les poiſſons qui étoient dans mon panier, il commanda à un de ſes Huiſſiers de marcher dessus & de les écraser. Mon brave Pithias content d'avoir ainsi montré sa sévérité, me conseilla de me retirer : Il me suffit, mon cher Lucius, continua-t'il, d'avoir fait cet affront à ce petit vieillard. Tout surpris & tout consterné d'avoir perdu mon soupé & mon argent, par le bel exploit de mon sage & prudent camarade, je m'en vais aux bains ; ensuite je m'en retournai au logis de Milon, & me retirai dans ma chambre.

Je n'y fus pas plûtôt que Fotis vint me dire que Milon me demandoit : mais ayant déja bien reconnu combien cet homme étoit avare, je lui répondis, que je le priois de m'excuser, ayant plus besoin de me reposer que de manger, fatigué comme j'étois du voyage que je venois de faire : ce qui lui ayant été rapporté, il vint lui-même, & me prenant par la main, il tâchoit de me

tirer hors de ma chambre, en me faiſant des honnêtetés ; & comme je m'en défendois le plus civilement que je pouvois ? Je ne vous quitterai pas, me dit-il, que vous ne veniez avec moi ; & accompagnant cela d'un ſerment, je fus contraint malgré que j'en euſſe de céder à ſon opiniâtreté & de le ſuivre juſqu'à ſon petit grabat, où étant aſſis : Comment ſe porte, me dit-il, notre ami Demeas, ſa femme, ſes enfans ? Comment va ſon ménage ? Je lui rendis compte de tout exactement ; enſuite il s'informa plus particuliérement du ſujet de mon voyage ; & l'ayant ſatisfait pleinement ſur cela, il commença à me demander en détail des nouvelles de mon païs, de ceux qui en étoient les plus conſiderables ; & enfin de celui qui en étoit le Gouverneur ; mais s'appercevant que j'étois fatigué du voyage, & de cette longue converſation, que je m'endormois, que la moitié des paroles me demeuroit à la bouche, & que n'en pouvant plus, je bégayois à chaque mot, il me permit enfin de m'aller coucher. Ainſi accablé de ſommeil, & non de bonne chere, je me ſauvai du repas imaginaire de cet avare vieillard, qui ne m'avoit régalé que d'un entretien fort ennuyeux, & retournant dans ma chambre, j'y pris le repos que je ſouhaitois depuis long-tems.

Fin du premier Livre.

REMARQUES SUR LE PREMIER LIVRE.

LES *Metamorphoses ou l'Ane d'Or.* L'on fut si charmé de cet ouvrage d'Apulée lors qu'il parut, qu'on le nomma l'*Ane d'Or* par excellence ; épitete que les Anciens ont donnée à plusieurs ouvrages qu'ils en croyoient dignes, comme aux vers de Pythagore qu'on nomme *les Vers d'Or.*

Je vais tâcher d'attirer votre attention, &c. Le texte dit, *At ego tibi sermone isto Milesio varias fabulas conferam. Je vais vous conter diverses fables dans ce discours Milesien.* Je n'ai point exprimé discours Milesien qui n'auroit pas été entendu de tout le monde, *par le recit de plusieurs avantures divertissantes*, comme je l'ai mis veut dire la même chose. Les anciens appelloient *fable ou discours Milesien* les poëmes & les ouvrages en prose qui rouloient sur des choses plaisantes & agréables, & qui étoient pleins d'avantures & de folies divertiſſantes. Les premiers de ces ſortes de contes ont été faits par des habitans de la Ville de Milet en Ionie, gens qui vivoient dans le luxe, les délices & la galanterie, & ces premiers contes ont été cauſe qu'on a appellé dans la ſuite ces ſortes d'ouvrages *Fables Mileſiennes.*

Un ouvrage écrit &c. Il y a dans le Latin, *Papyrum Ægyptiam, ſur un papier d'Egypte.* Papyrus eſt le nom d'un arbriſſeau qui croît dans les marais de ce païs-là. On le ſéparoit en pluſieurs feüilles minces, & l'on en faiſoit le papier de la maniere décrite, dans Pline l. 15. de l'Hiſtoire naturelle, chap. 11. & 12.

Dans le ſtile enjoüé des Auteurs Egyptiens. Ces peuples étoient vifs & naturellement portez à la plaiſanterie. Selon Flavius Vopiſius; c'étoient de grands faiſeurs d'épigrammes, & de ces ſortes de chanſons que nous nommons *Vaudevilles.*

Je vais vous conter l'hiſtoire de ce qui m'eſt arrivé en Grece. Le texte dit, *Fabulam Græcam incipimus.* Il ſe peut entendre comme je l'ai expliqué, ou ſi l'on veut, comme quelques-uns le prétendent, *Je vais vous conter une fable priſe*

Les
été
de
ans
, &
on
ou.

s le
pier
rif-
is.
les
de
de

ip-
ur-
on
ds
es
u-

us
a-
n-
si
é-
ile
ise

I

prise d'un Auteur Grec, parce qu'Apulée en a tiré le sujet de Lucien, ou de Lucius de Patras Auteurs Grecs.

Ayant l'honneur de descendre du côté maternel du fameux Plutarque. Plutarque étoit cependant de Cheronée Ville de Béotie, & non de Thessalie, dont l'Auteur dit qu'il tire son origine du côté maternel. Mais il se peut faire que les ancêtres de Salvia sa mere étoient venus de Béotie s'établir en Thessalie.

Et du Philosophe Sextus son petit-fils. Ce Sextus fut Précepteur de l'Empereur Marc-Antonin.

Et le menai au pas. J'ai supprimé la phrase qui suit. *Quoad lassitudinis incommodum alvi solitum ac naturale præsidium eliquaret. Jusqu'à ce qu'il se fût soulagé en faisant ses fonctions ordinaires & naturelles.* Ces particularités ne font pas un effet agréable en François.

1 *Forcer la Lune à jetter de l'écume.* Les Anciens croyoient que les Sorcieres avoient le pouvoir par des paroles magiques, de forcer la Lune à jetter de l'écume sur les herbes, dont elles se servoient ensuite pour leurs enchantemens. Cette prétenduë écume se nommoit *Lunar virus.*

Vous auriez cru voir ce fameux Serpent qui s'entortille & se jouë autour du bâton d'Esculape. Esculape Dieu de la Médecine, à qui Homere, & après lui Ovide, donne pour pere Apollon & pour mere Coronis, fille du Roi Phlegyas, laquelle étant grosse d'Esculape, ne laissa pas de s'abandonner à un nommé Ischys fils d'Elatus. Mais Diane indignée de l'infidelité que Coronis avoit faite à Apollon son frere, la tua d'un coup de fléche; & comme on étoit prêt de brûler son corps, Mercure, ou selon Pindare, Apollon lui-même vint tirer l'enfant des entraille de sa mere. Il fut nommé Esculape, des mots Egyptiens *Esch*, qui veut dire, *chevre*, & *Cheleph*, qui signifie *chien*, parce qu'il fut nourri par une chevre, & gardé par un chien. Les Epidauriens furent les premiers qui lui bâtirent un Temple, & qui instituerent des fêtes à son honneur, en quoi ils furent suivis des Athéniens & de plusieurs autres peuples de la Grece.

Sanchun Jathon prétend que le premier qu'on ait nommé Esculape, est Egyptien, & il le met au rang des Dieux puissans avec Mercure. Ainsi ce n'est pas sans raison que Pline dit, que les Egyp-

B

tiens se vantoient d'avoir les premiers inventé la Médecine. On ne peut douter qu'il n'y ait eu plusieurs Esculapes, & que le plus ancien n'ait été celui des Egyptiens. Ciceron en donne trois à la Grece, ce qui fait connoître que le nom d'Esculape ayant une fois été porté de l'Egypte dans la Gréce, on le donna à plusieurs de ceux qui inventerent quelque nouvelle maniere de penser les playes, & de guerir les maladies.

Le Temple d'Esculape à Epidaure étoit le plus fameux de la Grece. On y voyoit sa statuë faite d'or & d'yvoire, assise sur un trône de même matiere, tenant d'une main un bâton plein de nœuds, appuïant l'autre sur la tête d'un serpent, avec un chien à ses pieds. Sur les murailles du Temple pendoient quantité de tablettes, sur lesquelles étoient écrites les diverses maladies pour lesquelles on avoit eu recours à ce Dieu, & les divers remedes dont on s'étoit servi pour les guerir. C'est sur ces inscriptions qu'Hipocrate composa, à ce qu'on dit, ses Traitez de Médecine.

On a consacré le serpent, qui est l'emblême de la Prudence, au Dieu de la Médecine, pour marquer que cette vertu étoit éminemment nécessaire à un Médecin, & pour signifier aussi, que par son secours le malade doit quitter ses maux & ses infirmités, comme le serpent quitte sa vieille peau. Par le bâton d'Esculape, on fait entendre, que ceux qui relevent de maladie ont besoin de se ménager beaucoup, pour ne point retomber; ou bien, parce que la Médecine est comme le bâton & le soutien de la vie, & les nœuds de ce bâton marquent la difficulté de cet art.

Je m'en allai le soir même aux bains publics. Le bain étoit fort en usage chez les Grecs & les Romains. Ils le prenoient pour leur santé, pour se tenir le corps propre & net, & souvent pour le seul plaisir dans de grands bâtimens publics, qui renfermoient un bain pour les hommes & un autre pour les femmes. Dans les premiers tems de la République de Rome, que le luxe n'avoit point encore corrompu les mœurs, les Romains ne songerent dans la construction de ces édifices, qu'à l'utilité & la commodité. Mais dans la suite les choses vinrent à un tel excès, qu'on ne pouvoit rien imaginer au-delà de la grandeur & de la magnificence de ces superbes bâtimens. Les marbres les plus rares y étoient employez. On y voyoit des colomnes sans nombre, aussi-bien que des statuës de bronze, d'albâtre & de porphyre.* Ces vastes édifices, qui par leur étenduë paroissoient comme autant de villes, renfermoient des portiques, des allées, des bosquets, des canaux, des jeux de longue paume, des salles & une infinité d'appartemens séparés, les uns pour se deshabiller, les autres pour suer, & d'autres pour se faire dépiler & froter d'essences parfumées des odeurs les plus exquises.

M. Agrippa fit construire cent soixante dix bains publics, avec tous les ornemens & la magnificence possible. Sous l'Empereur Auguste, on fit des dépenses prodigieuses pour des bains qui avoient des appartemens pour l'été & d'autres pour l'hyver. Mais ceux qu'Antoninus Caracalla fit bâtir au pied du Mont Aventin, & ceux de Diocletien surpassoient de beaucoup en grandeur & en beauté tous ceux qu'on avoit vûs auparavant. Ils étoient si spacieux, dit Lipse, que dans ceux d'Antoninus Caracalla, dix-huit cens personnes pouvoient se baigner sans s'incommoder.

Ayant fait ſes enchantemens autour d'une foſſe. Les ſacrifices ſe faiſoient ſur des autels élevez pour les Dieux du Ciel, à terre pour les Divinitez terreſtres, & dans une foſſe pour les Divinez infernales. Nous liſons dans Homere, qu'Uliſſe creuſa une foſſe d'une coudée de profondeur, dans laquelle il verſa du vin mêlé de miel, du vin pur, de l'eau & du ſang des victimes, pour évoquer les Ombres des morts, & particulierement l'Ombre de Tireſias.

Enfin je m'aſſoupis environ ſur le minuit. Il y a dans le texte, *Environ à la troiſiéme veille de la nuit.* Les Anciens partageoient la nuit en quatre veilles, & chaque veille comprenoit trois heures. La premiere veille de la nuit étoit depuis ſix heures juſqu'à neuf, & ainſi des autres.

Me voyant, d'Ariſtomene changé en Tortuë. Parce qu'il étoit ſous ſon lit comme une Tortuë ſous ſa coquille.

Abandonné comme Calipſo par la fourberie de cet Uliſſe. Uliſſe après le ſiége de Troye, s'en retournant en ſon Royaume d'Ithaque, fut jetté par la tempête ſur les bords de l'île d'Ogygie, où regnoit Calipſo fille de Thetis. Cette Nymphe

Contrario ogn' hora alle sfrenate voglie
Penteo di Bacco, & di chi il ſegue & ama,
In tanta rabbia, & in tale ira coglie
L'a madre, che ſol Bacco honora & brama,
Che dal tergo la teſta al fin gli ſcioglie,
Et del ſuo ſangue la crudel ſi sfama,
Accompagnata, & ſola à tutte innanti,
Dall' altre dishoneſte ſue Baccanti.

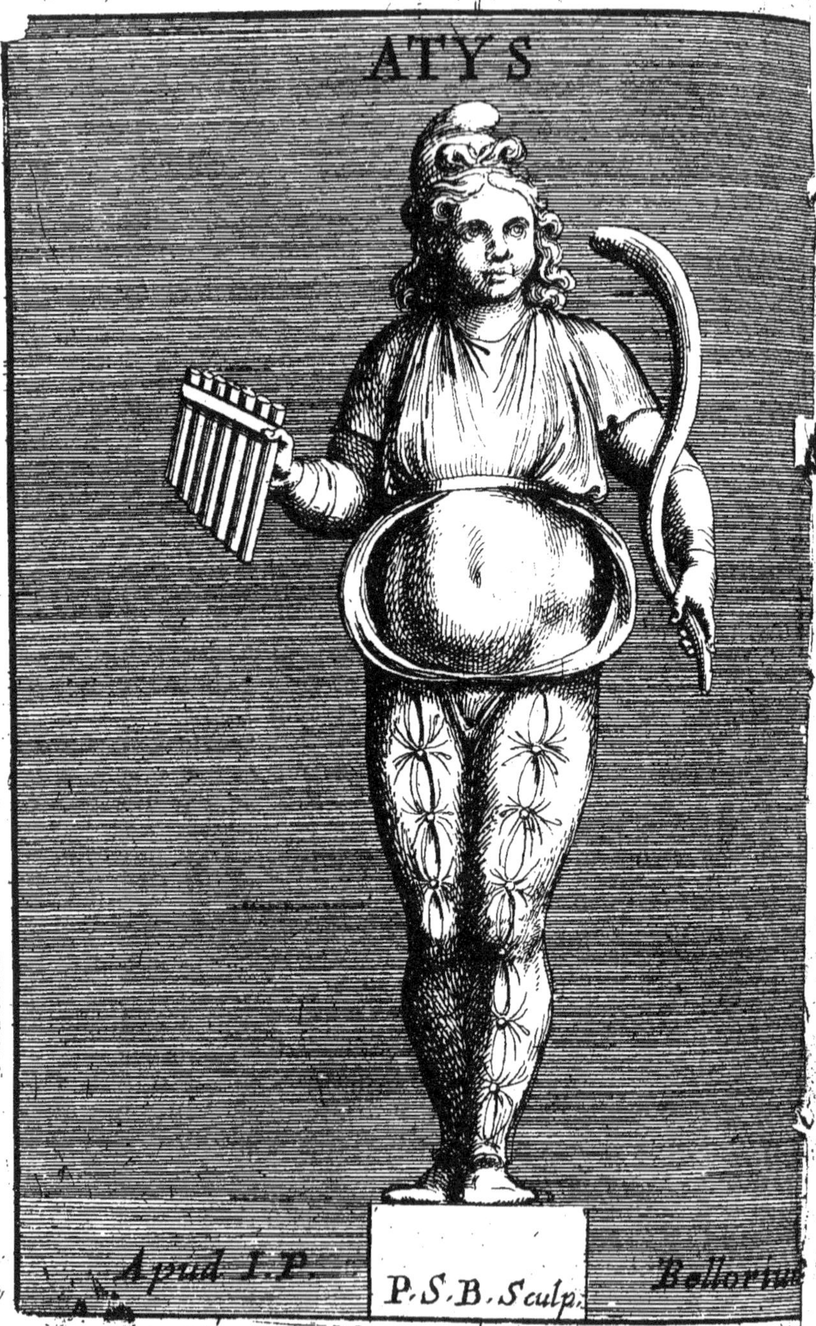
ATYS
Apud I.P.
P.S.B. Sculp.
Bellorius

devint éperdûment amoureuſe de lui, & le retint auprès d'elle pendant ſept ans par le charme des plaiſirs. Uliſſe enfin par l'ordre de Jupiter ſe remit en mer, & la quitta malgré ſes regrets & ſes larmes.

5 *Que ne commençons-nous donc, ma ſœur, par mettre celui-ci en pieces à la maniere des Bacchantes.* Les Bacchantes étoient les compagnes & les Prêtreſſes du Dieu Bacchus. Ces femmes vétuës de peaux de Tigres & de Pantheres, entroient en fureur lors qu'elles célébroient ſes miſteres. Elles couroient par les montagnes toutes échevelées, avec un Thyrſe à la main, qui étoit un bâton entouré de lierre, criant de toute leur force, & répétant ſouvent *Evohe Bacche.* Elles mirent Penthée en piéces ſur le Mont Citheron, parce qu'il s'étoit mocqué des fêtes de Bacchus, les voulant faire paſſer pour des folies & des extravagances. Elles déchirerent auſſi Orphée pour une autre raiſon.

6 *Ce que Cybele fit à Atys.* Il y a dans le Latin, *Quin membris ejus deſtinatis virilia deſecamus?* Cela auroit été trop groſſier en François; ce que j'ai mis à la place fait entendre la même choſe.

Afin qu'il couvre d'un peu de terre le corps de ce miserable. C'eſt un reſte de pitié de Meroé pour l'ame du pauvre Socrate, qui ſuivant l'opinion des Payens auroit été errante ſur les bords du Cocyte ſans pouvoir le paſſer, ſi ſon corps n'avoit pas été inhumé.

Ne voulant même, comme je croi, oublier aucune des cérémonies qui s'obſervent aux ſacrifices, &c. Les Prêtres après avoir égorgé la victime, ne manquoient pas de l'ouvrir & d'en tirer les entrailles, par l'inſpection deſquelles ils prétendoient connoître ſi le ſacrifice avoit été agréable à la Divinité, & ſouvent même l'Haruſpice par cet examen prédiſoit à ceux qui avoient offert la victime, les choſes à venir ſur leſquelles ils l'interrogeoient.

Je le voi pâlir à vûë d'œil. Pallore buxeo, dit le texte, *Pâle comme du buis.* Cette expreſſion eſt familiere à l'Auteur, & repetée pluſieurs fois dans cet ouvrage. Elle ne ſeroit pas bonne en François.

Sa femme étoit aſſiſe à ſes pieds. Ce n'étoit pas la coûtume, ſurtout en Grece, que les femmes ſe trouvaſſent dans les banquets avec les hommes. Ciceron dans la 3e. oraiſon contre Verrès. *Tum ille ne-*

gavit moris esse Græcorum ut in convivio virorum mulieres accumberent. Il dit, que ce n'étoit pas la coûtume chez les Grecs que les femmes se trouvassent dans les banquets des hommes. Quand elles mangeoient avec leurs maris, elles étoient assises à leurs pieds. Cela se voit encore dans plusieurs bas-reliefs de ce tems-là.

Si vous imitez ainsi les vertus du grand Thesée, dont votre pere portoit le nom, qui ne dédaigna point de loger dans la petite maison de la bonne femme Hecale. On voit par ce passage que le pere d'Apulée se nommoit Thesée. A l'égard de Thesée, fils d'ÆgéeRoi d'Athenes, étant encore jeune il fut loger chez Hecale vieille femme, extrêmement pauvre, mais très vertueuse. Elle le reçut le mieux qu'il lui fut possible, & lui promit de s'immoler elle-même à Jupiter s'il revenoit sain & sauf de la guerre. Elle mourut avant son retour. Thesée en sa mémoire institua une fête en l'honneur de Jupiter, qui fut surnommé *Hecalien.* C'est de la pauvreté d'Hecale qu'est venu ce proverbe des Anciens, *Numquam Hecale fies. Tu ne deviendras jamais Hecale*, c'est-à-dire, *Tu ne sera jamais pauvre.*

Tenez, dis-je à Fotis, voilà de l'argent;

achetez-lui du foin & de l'orge. Le droit d'hoſpitalité étoit fort recommandable chez les Anciens ; mais ils ne ſe piquoient pas toûjours de défrayer entiérement leurs hôtes, ils ne leur donnoient ſouvent que le logement & l'uſtancile.

† *Des Huiſſiers avec des faiſceaux marchent devant vous.* Les faiſceaux étoient des haches dont le manche étoit environné de pluſieurs baguettes liées enſemble, que des eſpéces d'Huiſſiers, appellez Licteurs, portoient devant les grands Magiſtrats, pour inſpirer plus de crainte & de reſpect dans l'eſprit du peuple. Quand des Magiſtrats précédés par des Officiers avec ces faiſceaux, vouloient marquer de la déférence pour quelque perſonne de merite & de conſidération, ils les renvoyoient ou faiſoient baiſſer leurs faiſceaux devant eux, ce qui s'appelloit *ſubmittere faſces.* C'eſt ainſi qu'en uſa le politique Publicola Conſul, qui devant haranguer le peuple Romain, renvoya auparavant ſes Licteurs. *Faſces*, dit Tite-Live, *Majeſtati populi Romani ſubmiſit.* Et le grand Pompée entrant dans la maiſon du Philoſophe Poſſidonius, congédia ſur la porte ſes Licteurs, pour fai-

re honneur aux Lettres qu'il cultivoit avec ſoin.

Car je ſuis Edile. Ces Magiſtrats avoient la Sur-Intendance des Bâtimens publics & particuliers, des Aqueducs, des Temples & des Jeux publics. Ils mettoient le prix ſur toutes les denrées, ils avoient inſpection ſur les poids & méſures, & généralement ſur tout ce qui concerne la Police.

Desmarest in　　*Thoma*[illegible]

[illegible]es [illegible] qui [illegible]endroient la [illegible]pre[illegible] vne petite table ch[illegible] du souper. Les verres g[illegible] capables estoient à demy-pleins de vin pour le tremper à discretion, & la bouteille aupres auoit le bas estroit, & peu à peu s'eslargissoit par le goulet afin de [v]erser à plus grands traits, & seruir ° d'auantsupper à l'escrim[illegible]nerienne qui deuoit suruenir.

L'ANE D'OR D'APULÉE, PHILOSOPHE PLATONICIEN.

LIVRE SECOND.

SITÔT que la nuit fut passée, & que le Soleil parut, je m'éveillai; & sortis de mon lit, l'esprit fort occupé, & brûlant d'envie de voir ce qu'il y avoit de rare & de merveilleux en cette Ville, d'autant plus que j'étois dans le milieu de la Theſſalie, d'où l'on croit par tout le monde que l'art Magique a tiré ſon origine : & repaſſant en moi-même le conte que le bon Ariſtomene m'avoit fait à l'occaſion de cette Ville où nous venions, j'y conſiderois toutes choſes avec une curioſité & une application extraordinaire. Je m'imaginois que ce qui s'offroit à mes regards étoit autre choſe qu'il ne me paroiſſoit, & que par la force des enchantemens, tout y étoit métamorphoſé ; que les pierres que je rencontrois étoient des hommes pétrifiés ; que les oiſeaux que je voyois avoient été des hommes, auſſi-bien que les arbres qui étoient le long des murs de la Ville ; & que les fontaines étoient des corps humains, que la magie avoit fonduë en eau. Je croyois que je devois voir marcher les ſtatuës & les figures des tableaux, que les murailles devoient parler ; que les bœufs & autres bêtes alloient prédire l'avenir, & même que du haut des cieux le corps radieux du Soleil prononceroit tout d'un coup quelque oracle. Ainsi attentif, & l'esprit tout occupé par le violent desir que j'avois de voir quelque chose de surnaturel, & n'en voïant aucun indice, ni la moindre apparence, j'allois & venois de tous côtés : enfin marchant de ruë en ruë, comme auroit pû faire un homme yvre & égaré, je me trouvai sans y penser dans la place du marché.

J'y vis arriver une Dame, suivie d'un grand nombre de valets. Je m'approchai d'elle avec empressement. La magnificence de ses habits brodés d'or, & ses pierreries faisoient assez connoître que c'étoit une femme de qualité. Elle avoit à côté d'elle un homme fort avancé en âge. Dès qu'il m'eût apperçû : Vraiment, dit-il, c'eſt Lucius lui-même ; & dans le moment il vint m'embraſſer. Ayant enſuite dit quelques mots à l'oreille de cette Dame : Que n'approchez-vous, me dit-il, & que ne ſaluez-vous une perſonne que vous pouvez regarder comme votre mere. Je n'oſe prendre cette liberté, lui dis-je, n'ayant pas l'honneur de connoître Madame ; & le rouge me montant au viſage, je reſtai les yeux baiſſés à la place où j'étois.[1] Mais elle, me regardant fixement : Voilà, dit-elle, le même air de bonté de Salvia, ſa très-vertueuſe mere, outre que leurs figures ſont ſi conformes, qu'ils ſemblent être faits tous deux ſur le même modéle ; ſa taille eſt d'une belle grandeur, & d'un embonpoint raiſonnable ; ſon teint eſt vif, ſans être trop coloré ; ſes cheveux ſont blonds & friſés naturellement; ſes yeux ſont bleus,

2

bleus, cependant ils ſont vifs & brillans comme ceux d'un aigle, & leurs regards ſont pleins de charmes : enfin de quelque côté qu'on l'examine, il n'a aucun défaut, & ſa démarche eſt noble & n'a rien d'affecté. Lucius, ajouta-t'elle, je vous ai élevé de mes propres mains, mais vous n'en devez pas être ſurpris ? Nous ſommes non-ſeulement parentes votre mere & moi, mais nous avons été élevées enſemble ; car nous deſcendons l'une & l'autre de la famille de Plutarque. Nous avons eu toutes deux la même nourriſſe, & la même éducation a fortifié en nous les liens du ſang. Il n'y a d'autre difference entre elle & moi, que l'état préſent de nos conditions, parce qu'elle fut mariée à un homme de grande qualité, & moi à un particulier. Je ſuis cette Birrhene que vous avez peut-être oüi ſouvent nommer parmi ceux qui vous ont élevé. Venez donc hardiment prendre un logement chez moi, ou plûtôt chez vous-même.

Sur cela le rouge qui m'étoit monté au visage s'étant dissipé : Aux Dieux ne plaise, Madame, lui dis-je, que je quitte mon hôte Milon sans qu'il m'en ait donné sujet ; mais certainement je ne manquerai à rien à votre égard de tout ce qui se pourra faire sans contrevenir aux devoirs de l'hospitalité, & toutes les fois que j'aurai occasion de venir en ce pays-ci, il n'arrivera jamais que je prenne un logement ailleurs que chez vous.

Pendant ces contestations d'honnêteté & quelques autres semblables, & après avoir marché quelque peu de tems, nous arrivâmes à la maison de Birrhene.[3] Le vestibule en étoit magnifique ; il étoit orné de colom-

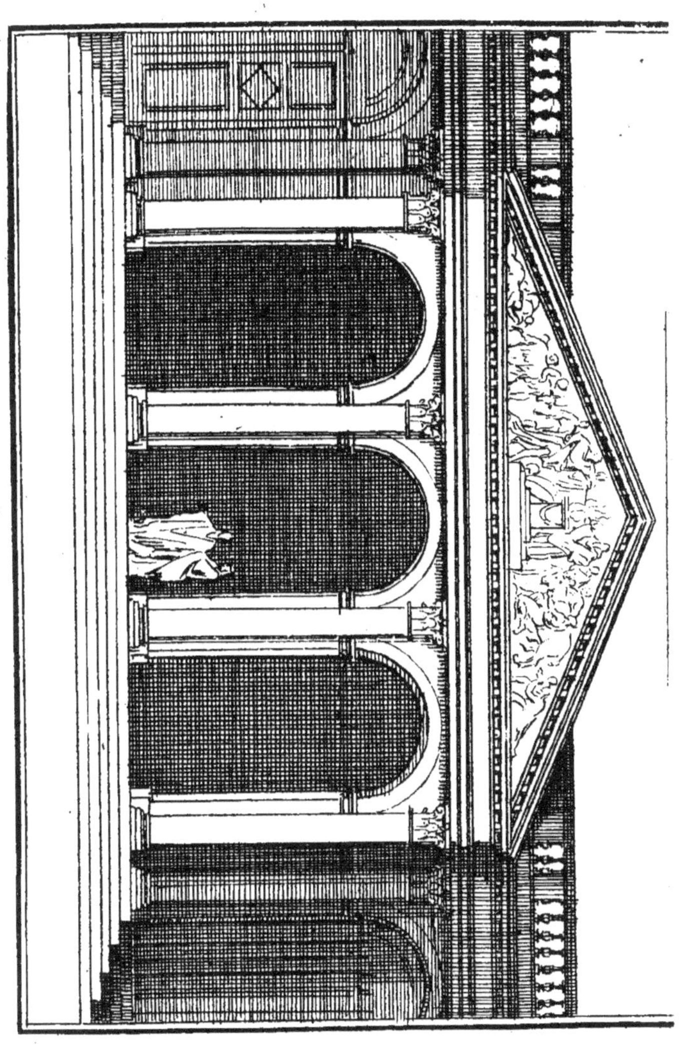

4

nes aux quatre coins, ſur leſquelles on voyoit des ſtatuës de la Déeſſe Victoire. Elles avoient les aîles déployées, un pied appuyé ſur une boule, d'où elles paroiſſoient vouloir s'élever ; & quoiqu'elles y fuſſent attachées, il ſembloit que'lles ne tenoient à rien, & qu'elles alloient voler. Dans le milieu de la place étoit une ſtatuë d'une beauté parfaite, qui repréſentoit Diane. Ses habits paroiſſoient agités par le vent : il ſembloit qu'elle courût avec vivacité, & qu'elle venoit à la rencontre de ceux qui entroient, avec un air cependant qui imprimoit du reſpect. Elle avoit à ſes côtés des chiens qui étoient auſſi de marbre; ils avoient les yeux menaçans, les oreilles droites, les nazeaux ouverts, la gueule béante & prête à dévorer ; & ſi l'on entendoit aboyer quelques chiens des lieux voiſins, on croyoit que c'étoit ceux-ci. Mais une chose en quoi l'excellent Sculpteur avoit donné une grande marque de son habileté ; c'est que ces chiens n'étoient portés que sur les pieds de derriere ; que ceux de devant étoient en l'air, ainsi que leurs corps qui sembloient s'élancer en avant. Derriere la statuë de la Déesse, on voyoit un rocher qui formoit une grotte pleine de mousse, d'herbes vertes & de feüillages, & de côté & d'autre il sortoit des pampres & des arbustes fleuris. La statuë étoit d'un marbre si blanc & si poli, que le fond de la grotte en étoit éclairé. Aux extrêmités du rocher pendoient des grappes de raisin, & des fruits que l'art qui imite la nature avoit copiés si parfaitement, que vous auriez crû pouvoir les cueillir & les manger quand l'Automne leur auroit donné la couleur & la ma-

Ateone mutato in Cerbio da Diana. 42

Dalla ſete e'l calor cacciando vinto
Cerca Ateon pel boſco vna fontana,
Hallo il ſuo fier deſtino in parte ſpinto,
Che mal per lui vi troua entro Diana.
La Dea, col viſo di vergogna tinto,
Gli muta in cerbio la ſembianza humana,
Et dice, nel gettar quell' onda cruda,
Non lice à ogniun veder Diana ignuda.

turité ; & si l'on se baissoit pour les voir dans l'eau de la fontaine qui sort des pieds de la Déesse, ils paroissoient agités comme de vrais fruits & de vrais raisins attachés à leurs branches. Entre les feüillages on découvroit la statuë d'Acteon, qui pour avoir eu la curiosité de voir Diane se baigner dans la fontaine de cette grotte, commençoit à prendre la forme d'un cerf.

Comme je regardois exactement & avec grand plaisir ces singularités : Tout ce que vous voyez ici, me dit Birrhene, est à vous. Dans le même tems elle fit signe à ses gens de se retirer. Sitôt qu'ils eurent disparu : Je jure par cette Déesse, mon cher Lucius, dit-elle, que je crains terriblement pour vous, & que vous ne me causez pas moins d'inquiétude que si vous étiez mon propre fils. Gardez-vous, mais gardez-vous bien des maudits artifices & des déteſtables attraits de Pamphile femme de Milon, chez qui vous dites que vous logez ; elle paſſe pour être la plus grande Magicienne & la plus dangereuſe qui ſoit dans la Theſſalie. Par le moyen de certaines herbes, de certaines petites pierres & de quelques autres bagatelles de cette nature, ſur leſquelles elle ſouffle, elle peut précipiter la lumiere des Aſtres juſqu'au fond des Enfers, & remettre le monde dans ſon premier cahos ; & ſitôt qu'elle voit quelque jeune homme beau & bien fait, elle en eſt épriſe & y attache ſon cœur. Elle l'accable de careſſes, s'empare de ſon eſprit, & l'arrête pour jamais dans ſes liens amoureux. Mais indignée contre ceux qui lui réſiſtent d'un ſeul mot elle change les uns en pierres, ou en differens animaux, & fait mourir les autres. Cela me fait trembler pour vous. Je vous en donne avis, afin que vous ſoyez ſur vos gardes ; car cette femme eſt toujours amoureuſe, & vous lui convenez fort, jeune & bien fait comme vous êtes,

Voilà ce que me dit Birrhene, fort inquiéte ſur ce qui me regardoit. Mais ſitôt que j'eus entendu parler de cet Art Magique, pour lequel j'avois une curioſité extraordinaire, tant s'en faut que j'euſſe deſſein de me garder des ruſes de Pamphile, que je fus transporté de joie, voulant me livrer entierement à la connoiſſance de cette ſcience, quoi qu'il m'en pût couter, & me jetter à corps perdu dans cet abîme. Ainſi, ſans y faire davantage de réfléxion, je me dégageai le plûtôt que je pûs des mains de Birrhene, comme d'une chaîne importune ; & prenant congé d'elle brusquement, je gagnai au plus vîte le logis de Milon. Pendant que j'y courois comme un insensé : Courage, Lucius, disois-je en moi-même, sois vigilant & attentif. Voici l'occasion que tu as tant souhaitée ; tu pourras désormais rassasier ta curiosité des choses extraordinaires ; il n'appartient qu'aux enfans d'avoir peur : embarque-toi dans cette affaire le plûtôt que tu pourras, mais garde-toi d'être amoureux de ton hôtesse, & fais conscience de soüiller le lit conjugal du bon Milon. Recherche plûtôt avec empressement les bonnes grace de Fotis[7]: elle est d'une jolie figure, d'une humeur enjoüée, & a beaucoup de vivacité. Hier au soir, quand tu fus te coucher, elle te conduisit civilement dans ta chambre ; te mit au lit d'une maniere gracieuse ; te couvrit avec affection ; & t'ayant donné

7

Diacre a paris yn Cest a Vous a quy jen Veux

donné un baiser, fit assez voir dans ses yeux, & à sa contenance, qu'elle ne te quittoit qu'à regret; même en s'en allant elle s'arrêta plusieurs fois, & se retourna pour te regarder. Veüillent les Dieux que je réussisse! mais il faut que je tente fortune auprès de cette Fotis, au hazard de tout ce qui m'en peut arriver.

Raisonnant ainsi en moi-même, j'arrivai chez Milon entierement déterminé. Je n'y trouvai ni le maître ni la maîtresse, mais seulement ma chere Fotis, qui faisoit un hachis de viande, qui me parut à l'odeur devoir être excellent. Elle avoit une robe de lin fort propre, retroussée au-dessous du sein, avec une ceinture rouge. Elle remuoit la casserolle où étoit son hachis avec ses belles mains, & sa robe ondoyoit autour d'elle, par le mouvement agréable que se donnoit son corps. Je demeurai ſurpris, & m'arrêtai quelque tems à la conſiderer. Enfin cette vûë m'ayant échauffé l'imagination : Ma chere Fotis, lui dis-je, que tu remuës ce hachis de bonne grace, auſſi-bien que ton corps! O le bon ragoût que tu fais-là ; heureux en effet celui à qui tu permettras d'en goûter.

Cette fille, qui étoit vive & plaiſante, ſe retourna de mon côté, & me regardant en riant : Retirez-vous, me dit-elle, pauvre miſerable, retirez-vous loin de mon feu ; car s'il en voloit ſur vous une ſeule étincelle, vous brûleriez juſqu'au fond du cœur, & perſonne ne pourroit éteindre votre ardeur que moi.

Cependant ſans quitter la place où j'étois, j'examinois toute ſa figure avec attention. Mais pourquoi vous entretenir de toutes ſes beautés ; je ne dois vous parler

Potentissimus affectus, Amor.

ASPICE vt inuictus vires auriga leonis,
  Expressus gemma pusio vincat amor?
Vtque manu hac scuticam tenet, hac vt flectit habenas,
  Vtque est in pueri plurimus ore decor.
Dira lues procul esto: feram qui vincere talem
  Est potis, à nobis temperet anne manus?

d'abord que de celles que j'ai ſoin d'examiner les premieres dans une belle perſonne, de la tête & des cheveux, qui en public attirent mon attention, & en particulier font naître mes plaiſirs. La nature a élevé & découvert cette principale partie; elle y a joint les graces naturelles des cheveux, qui parent autant une tête, que les plus beaux habits peuvent orner le reſte du corps par leurs plus vives couleurs, pour nous apprendre à juger par ce qu'elle nous dévoile, de ce qu'elle ordonne à l'art de dérober à nos yeux. Pluſieurs femmes, même pour laiſſer un champ plus libre au jugement que l'on doit porter d'elles, écartent de leur ſein leurs habits & leurs voiles. Il ſemble qu'elles voudroient mettre à découvert tous leurs charmes, ſçachant bien que la blancheur & la vivacité d'une peau délicate, eſt plus capable de plaire que le brillant éclat des plus riches vêtemens.

Mais ce que je ne puis dire ſans peine, & ce que je ſouhaite qui n'arrive jamais, ſi vous coupez les cheveux de quelque belle femme que ce puiſſe être, & que vous dépoüilliez ſon viſage de cet ornement naturel, fût-elle deſcenduë du Ciel, engendrée de la Mer, nourrie au milieu des Ondes : en un mot, quand ce ſeroit Venus elle-même, accompagnée des graces & des amours, parée de ſa ceinture, & parfumée des odeurs les plus exquiſes ; ſi elle paroît avec une tête chauve, elle ne vous plaira point ; ſon Vulcain même la trouvera déſagréable.

Mais y a-t'il rien de plus charmant que des cheveux d'une belle couleur & tenus proprement, qui brillent au Soleil, d'un luſtre changeant, dont l'œil eſt éblouï ? Les

uns d'un blond plus éclatant que de l'or, & brunissant un peu vers la racine; les autres noirs comme le plumage d'un corbeau, & un peu changeant, comme la gorge des pigeons, qui parfumés d'essences précieuses, peignés avec soin, & tressés par derriere, sont comme un miroir où un amant se retrouve avec plaisir. Quel charme encore de voir une grande quantité de cheveux relevés & ajustés sur le haut de la tête, ou bien de les voir d'une grande longueur, épars & flottans sur les épaules. Enfin la chevelure est quelque chose de si beau, que quand une femme paroîtroit avec toutes sortes d'ajustemens, & avec des habits chargés d'or & de pierreries; s'il se trouve quelque négligence dans ses cheveux, ou quelque irrégularité dans sa coëffure, toute sa parure lui devient inutile.

Mais pour ma Fotis, sa coëffure

négligée & ſans art la rendoit encore plus agréable ; car ſes beaux cheveux qu'elle avoit fort longs & fort épais, étoient en liberté ſur ſon front & autour de ſon col ; enſuite cordonnés dans un ruban qui faiſoit pluſieurs tours, ils étoient noüés ſur le haut de la tête. Il me fut impoſſible de ſoutenir plus long-tems le ſupplice que me cauſoit l'excès du plaiſir que j'avois à la conſiderer. Je m'approchai d'elle avec tranſport, & baiſai amoureuſement ſur ſa tête ces liens charmans qui m'attiroient à elle. Elle ſe tourna ; & me regardant de côté avec un air malin : Hola, dit-elle, jeune écolier, vous goûtez là un plaiſir qui a ſon amertume auſſi-bien que ſa douceur ; mais prenez garde que cette douceur ne ſoit que paſſagere, & que l'amertume ne reſte pour toujours. Que veut dire cela, lui

dis-je, ma chere Fotis ? puisque si tu veux me donner un baiser seulement, je suis tout prêt de me jetter dans ce feu. En disant cela, je l'embrasse plus étroitement ; & comme je vis par la maniere dont elle recevoit mes caresses, qu'elle répondoit à mon amour : Je mourrois, lui dis-je, ou plûtôt je suis mort, si tu n'as pitié de moi. Prenez bon courage, me dit-elle, car je vous aime autant que vous m'aimez ; je suis toute à vous, & nos plaisirs ne seront pas long-tems differés ; sitôt qu'on allumera les flambeaux, j'irai vous trouver dans votre chambre. Allez-vous-en donc, & attendez-moi. Nous causâmes encore quelque tems, & nous nous séparâmes.

Environ sur le midi, Birrhene m'envoya quelques petits présens ; un cochon de lait, cinq volailles, & un baril d'un excellent vin vieux de plusieurs années. J'appelle Fotis. Voici, lui dis-je, le Dieu qui prête des armes à Venus. Il vient nous trouver de lui-même. Bûvons aujourd'hui tout ce vin, pour nous défaire entierement d'une sotte honte, & pour nous donner de la gayeté ; car la galere de Venus n'a besoin pour bien voguer que de lumiere pendant la nuit, avec bonne provision de vin.

Je passai le reste du jour aux bains ; ensuite à souper avec le bon Milon qui m'en avoit prié, & qui me régala d'un repas fort frugal. J'évitois autant qu'il m'étoit possible les regards de sa femme, suivant les avis que m'avoit donné Birrhene ; & si par hazard je venois à jetter les yeux sur elle, je tremblois, comme si j'eusse vû l'Enfer : mais je regardois continuellement & avec beaucoup de plaisir ma chere Fotis qui nous servoit à table.

AVDACES
VENVS.IPSA
IVVAT. ÆI

Pamphile alors considerant la lumiere de la lampe: Que de pluye nous aurons demain, dit-elle! Son mari lui ayant demandé comment elle le sçavoit : C'est cette lampe qui me le prédit, répondit-elle. Eh ! dit Milon en éclatant de rire, que nous entretenons une grande Sibille de lampe, qui du haut du chandelier où elle est posée, examine le Soleil, & sçait tout ce qui se passe dans le Ciel. Sur cela prenant la parole : Il ne faut point, dis-je, s'étonner de ce que dit Madame, du tems qu'il doit faire demain ; ce sont les premiers essais de cet Art de deviner, & il n'y a rien en cela de fort extraordinaire. Car quoique ce peu de feu & de lumiere que nous voyons soit l'effet de l'industrie des hommes, il ne laisse pas de sympatiser avec le feu céleste dont il est descendu ; de participer aux changemens qui y arrivent, & par conséquent de présager ce qui doit arriver au plus haut des Airs, & de nous en instruire. Nous avons même présentement parmi nous à Corinthe, un certain Chaldéen qui met en émotion toute la ville par les réponses surprenantes qu'il fait ; & pour de l'argent il découvre au peuple les secrets du Destin ; quels sont les jours heureux pour se marier ; quels sont ceux qui sont propres pour jetter les fondemens des remparts, dont on veut assurer la durée ; quels sont les jours heureux, ou pour les voyages ou pour les embarquemens : & moi-même l'interrogeant sur le succès qu'auroit le voyage que je fais présentement, il me répondit plusieurs choses fort étonnantes ; car il me dit, que j'aurois une réputation assez éclatante, que je ferois une grande histoire avec une fable incroyable, & que je composerois des Livres.

De quelle taille est ce Chaldéen, me dit Milon en riant, & comment se nomme-t'il ? C'est un grand homme noiraut, lui dis-je, qu'on nomme Diophane. C'est lui-même, me dit-il, & ce ne peut en être un autre ; car il a pareillement prédit ici diverses choses à plusieurs personnes ; mais après y avoir gagné de l'argent considerablement, il lui arriva un accident un peu fâcheux. Un jour étant au milieu d'un grand nombre de peuples, où il découvroit la destinée à qui vouloit l'apprendre, certain négociant, qu'on nomme Cerdon, s'approcha de lui pour sçavoir quel jour il devoit commencer un voyage qu'il avoit à faire. Déja le Devin lui avoit marqué ce jour ; déja le Marchand avoit mis bas sa bourse, tiré de l'argent, & compté cent * deniers pour le prix de ſa prédiction, quand tout d'un coup un jeune homme de qualité s'approche de Diophane par derriere, le tire par ſon habit, & l'obligeant de ſe tourner de ſon côté, l'embraſſe avec beaucoup d'affection. Notre Devin l'ayant ſalué & fait aſſeoir auprès de lui, parut d'un étonnement & d'une ſurpriſe extraordinaire de le voir; & ne ſongeant plus à l'affaire dont il s'agiſſoit : Depuis quand, lui dit-il, êtes-vous arrivé, vous que j'ai tant ſouhaité ? Je ne ſuis ici que d'hier au ſoir, lui répondit le jeune homme : mais vous, mon cher ami, contez-moi, je vous prie, comment vous êtes venu en ſi peu de tems, de l'Iſle d'Eubée, & comment s'eſt paſſé votre voyage, tant ſur terre que ſur mer. Sur cela mon brave Chaldéen encore tout hors de lui-même, & ſans avoir

* Environ 80 livres de notre monnoye.

reprit ses esprits : Que tous nos ennemis, dit-il, puissent faire un voyage aussi funeste que le nôtre, & qui ressemble autant à celui d'Ulisse ; car le vaisseau sur lequel nous étions, battu des vents & de la tempête, ayant perdu l'un & l'autre gouvernail, & ayant été jetté sur la côte, s'est abîmé tout d'un coup au fond de la mer, & après avoir tout perdu, nous nous sommes sauvés à la nage avec beaucoup de peine ; tout ce qu'ensuite nous avons pû ramasser, soit par la pitié de ceux que nous ne connoissions point, ou par la bonté de nos amis, nous a été pris par une troupe de voleurs. Pour comble de disgrace, mon frere unique nommé Arisuat, s'étant mis en devoir de se défendre contre eux, a été égorgé à mes yeux.

Pendant qu'il racontoit cela d'un air fort affligé, Cerdon ayant repris l'argent qu'il avoit compté pour payer ſa prédiction, gagna au pied & diſparut. Alors Diophane réveillé comme d'un profond ſommeil, s'apperçut du dommage que lui cauſoit ſon imprudence, d'autant plus qu'il nous vit rire à gorge déployée tous tant que nous étions autour de lui. Mais quoi qu'il en ſoit, Seigneur Lucius, je ſouhaite que vous ſoyez le ſeul à qui ce Chaldéen ait prédit la vérité; que toute ſorte de bonne fortune vous arrive, & que vous faſſiez un heureux voyage.

Pendant ce long diſcours de Milon, je ſouffrois une peine extrême, & j'étois au déſeſpoir d'avoir donné lieu à ces contes ennuyeux, qui me faiſoient perdre une bonne partie de la ſoirée & des plaiſirs que je m'étois promis. Enfin perdant toute retenuë, je m'adreſſe à Milon. Que ce Diophane, lui dis-je, ſoit en proye à ſa mauvaiſe fortune, & que de

1 2

rechef il expose aux dangers de la mer & de la terre l'argent qu'il attrape aux peuples par ses prophéties. Pour moi qui suis encore fatigué du chemin que je fis hier, permettez-moi, je vous prie de m'aller coucher de bonne heure. En même-tems je me retire dans mon appartement, où je trouve les apprès d'un fort joli repas. Fotis avoit aussi éloigné le lit des valets de la porte de ma chambre, afin, je crois qu'ils ne pussent entendre les discours que nous nous tiendrions pendant la nuit. Auprès de mon lit étoit une petite table chargée de ce qui étoit resté de meilleur du soupé, avec deux verres à moitié pleins d'eau, qui n'attendoient plus que le vin qu'on y voudroit mêler, & une bouteille qui s'élargissant par le cou, avoit une grande ouverture, afin de verser plus facilement le vin qui devoit aider à nos plaisirs.

A peine étois-je dans le lit, que Fotis ayant déja couché sa maîtresse entre dans ma chambre, en me jettant des roses, & en ayant une bien épanoüie dans son sein; ensuite elle m'enchaîne en badinant avec des guirlandes de fleurs. Après qu'elle en eut répandu quantité sur mon lit, elle prend un verre de vin; & ayant versé dessus un peu d'eau tiéde, elle me le présente à boire: mais avant que je l'eusse entierement vuidé, elle me l'ôte en riant, le porte à sa bouche, & les yeux attachés sur moi, bût le reste à petits traits. Nous redoublâmes ainsi plusieurs fois tour à tour.

Etant donc animé par l'amour & par le vin: Ma chere Fotis, lui dis-je, aye pitié de moi, & hâte-toi de me secourir; mais pour me faire encore plus de plaisir, délie tes cheveux, je te prie & laisse-les floter en liberté sur tes épaules.

Dans

49

Dans l'inſtant elle ôta le reſte des mets que nous avions, & rangea la bouteille & les verres. Elle ſe deshabilla enſuite, dénoüa ſes cheveux, & parut comme Venus ſortant de la mer. Alors l'Amour nous fit goûter ce qu'il y a de plus délicieux; ce que nous aſſaiſonnions de tems en tems de quelques verres de vin, pour ranimer nos eſprits & renouveller nos plaiſirs. Nous paſſâmes ainſi la nuit juſqu'au jour, & dans la ſuite nous en paſſâmes pluſieurs autres comme nous avions fait celle-là.

Il arriva qu'un jour Birrhene m'envoya prier d'aller ſouper chez elle, & quoique je puſſe faire pour m'en excuſer, je n'en pus venir à bout ; elle voulut abſolument que j'y allaſſe. Il fallut donc en parler à Fotis, & lui en demander ſon avis, comme on fait aux Augures quand on veut entreprendre quelque chose. Bien qu'elle ne voulût pas que je la quittasse d'un moment, elle m'accorda néanmoins gracieusement cette petite tréve : Mais au moins, dit-elle, prenez garde à revenir de bonne heure de ce soupé, car la maudite faction d'un nombre de jeunes gens de qualité a troublé toute la ville, & vous trouverez de côté & d'autre des hommes égorgés dans les ruës. Les troupes du Gouverneur de la Province sont trop éloignées d'ici, pour empêcher ce désordre ; & comme on sçait que vous êtes homme de qualité, & que vous êtes étranger, on pourroit bien vous dresser quelque embuscade.

Ma chere Fotis, lui dis-je, calme ton inquiétude ; car outre que je préfererois le plaisir d'être avec toi à tous les festins du monde, c'est que par mon prompt retour, je te mettrai l'esprit en

15

repos. Cependant je n'irai pas ſeul, & mon épée que je porterai avec moi ſuffit pour me mettre en ſûreté. M'étant ainſi précautionné, je vais à ce ſoupé.

J'y trouvai beaucoup de monde ; & comme Birrhene étoit une Dame de grande diſtinction, c'étoit tous gens choiſis, & les plus conſiderables de la ville. Le repas fut magnifique. On ſe mit à table ſur des lits d'yvoire, dont les couvertures étoient d'étoffe brodée d'or. Il y avoit une quantité de grands vaſes pour boire, tous d'une beauté differente, & tous égalemens précieux ; les uns de verre avec des figures de relief, d'un travail admirable ; les autres de criſtal d'une beauté parfaite ; quelques-uns d'or d'autres d'argent. Il y avoit même des morceaux d'ambre merveilleuſement bien travaillés & creuſés en forme de coupe ; enfin on voyoit là des ouvrages ſi exquis, qu'ils ſembloient ſurpaſſer l'adreſſe des hommes. Il y avoit pluſieurs Ecuyers tranchans richement vêtus ; des mets en abondance, ſervis par de jeunes filles ; & de jeunes garçons, remarquables par la propreté de leurs habits, & par la beauté de leurs cheveux, préſentoient ſouvent à boire d'un excellent vin vieux dans des vaſes faits de pierres précieuſes.

Si-tôt qu'on eut allumé les flambeaux, la converſation commença à s'animer, chacun ſe mit à badiner, à rire & à plaiſanter. Alors Birrhene s'adreſſant à moi : Comment vous trouvez-vous en ce pays ici, dit-elle ? Je crois que notre ville eſt fort au-deſſus des autres, par la beauté de ſes Temples, de ſes Bains & de ſes Edifices. Toutes les commodités de la vie y ſont en abondance. On y vit en paix, en liberté, & les

16

Marchands étrangers que le trafic y attirent, la trouve aussi peuplée que celle de Rome. Ceux qui veulent y vivre retirés, y joüissent de la même tranquillité que s'ils étoient à la campagne ; en un mot c'est la retraite la plus délicieuse de toute la Province.

Tout ce que vous dites est vrai, Madame, lui répondis-je, & je ne pense pas avoir jamais vécu en aucun lieu du monde avec plus de liberté qu'en cette ville ; mais à vous dire vrai, je tremble quand je songe qu'on y est exposé aux funestes effets de la magie, sans qu'il soit possible de s'en garentir ; car on dit même que les morts n'y sont pas en sureté dans leurs tombeaux, & que de vieilles Sorcieres, jusques sur les buchers, arrachent les ongles des corps qu'on y brûle, & en recherchent les restes pour faire du mal aux vivans, & que pendant qu'on prépare les funerailles d'un mort, elles ont grand soin de se rendre au bucher les premieres.

Sur cela un de la compagnie ajouta : Je vous assure même qu'en ce païs ici les vivans n'y sont par plus en sureté que les morts, & certaine personne qui n'est pas loin d'ici, a eu il n'y a pas long-tems le visage absolument défiguré par la malice de ces maudites Enchanteresses. A ces mots la compagnie éclata de rire de toute sa force, & chacun jetta les yeux sur un homme qui soupoit à part dans un coin de la salle. Cet homme tout honteux de se voir si obstinément envisagé voulut se lever & sortir en murmurant entre ses dents. Mais Birrhene lui dit : Mon ami Telephron, restez, je vous prie, & suivant votre complaisance ordinaire, contez-nous encore une fois l'histoire de votre avanture, afin que mon fils Lucius ait le plaisir de l'entendre. Pour vous, dit-il, Madame, vous êtes toujours la bonté & l'honnêteté même; mais il y a de certaines gens dont l'insolence n'est pas supportable. Il dit cela avec beaucoup d'émotion : cependant Birrhene fit si bien, & le conjura avec tant d'instance de conter son histoire, que quelque répugnance qu'il eût à le faire, il ne put la refuser. Ainsi ramassant ensemble une partie de la couverture du lit sur lequel il étoit, se dressant à moitié dessus, appuyé sur le coude, il étendit la main droite à la maniere des Orateurs, & commença ainsi.

Etant encore pupille, je partis de Milet pour aller aux Jeux Olympiques, dans le dessein aussi de voir exactement toute cette Province si renommée. Ayant donc parcouru toute la Thessalie, j'arrivai pour mon malheur à Larisse ; & comme j'allois de côté & d'autre dans la ville fort court d'argent, & cherchant quelque remede à mon indigence, j'apperçois au milieu du marché un grand vieillard monté sur une pierre, qui crioit à haute voix : *S'il y a quelqu'un qui veuille garder un mort, qu'il dise ce qu'il demande.* Alors m'adressant au premier que je rencontre : Que veut dire ceci, lui dit-je, les morts de ce païs ici ont-ils accoutumé de s'enfuir ? Taisez-vous, me répondit-il, car vous êtes encore jeune & même étranger, & vous ne songez pas que vous êtes au milieu de la Thessalie, où les Sorcieres ordinairement défigurent le visage des morts[11], & en arrachent des morceaux dont elles se servent pour leurs enchantemens. Mais dites-moi, de grace, lui dis-je, que faut-il faire pour garder ainsi les morts ?

18

mort? Premierement, me répondit-il, il faut veiller exactement toute la nuit, & avoir toujours les yeux attachés sur le corps mort, sans les en détourner d'un seul instant : car pour peu que vous regardiez d'un autre côté, ces rusées & maudites femmes ayant pris la forme de quelque animal, se glisse avec tant d'adresse, qu'elles tromperoient aisément les yeux du Soleil même & de la Justice ; elle se changent en oiseaux, en chiens, en souris & même en mouches ; ensuite à force de charmes, elles accablent de sommeil ceux qui gardent le mort & les endorment profondement ; enfin il n'est pas possible d'exprimer tous les tours que ces détestables femmes imaginent pour venir à bout de leurs desseins. Cependant pour un aussi dangereux emploi qu'est celui-là, on ne donne ordinairement que cinq ou six pieces d'or ; mais vraiment j'oubliois bien à vous dire, que si le lendemain matin le gardien ne rend pas le corps tout entier, il faut qu'il se laisse couper autant de chair au visage qu'on en a ôté au corps mort.

Etant informé de tout cela, je m'encourageai ; & dans le moment m'approchant du vieillard : Cessez de crier, lui dis-je, voici un gardien tout prêt ; combien me donnera-t'on ? On vous donnera, dit-il, six pieces d'or ; mais hola ! jeune homme, ayez au moins grand soin de garder comme il faut le corps du fils d'un des premiers de la ville, & de le garantir des maudites harpies. Ce sont, lui dis-je, des bagatelles que cela ; vous voyez un homme infatigable, qui ne dort jamais, qui voit plus clair que Lincée ou Argus, & qui est tout yeux.

A peine avois-je achevé de

parler, qu'il me mene en une maiſon dont la grande porte étoit fermée. Il me fit entrer par une petite porte de derriere, & me fit monter dans une chambre cloſe & ſombre, où il me montra une Dame toute en pleurs, habillée de noir; & s'approchant d'elle: Voici, dit il, un homme qui eſt venu s'engager hardiment à garder le corps de votre mari. Elle rangea de côté & d'autre ſes cheveux qui lui tomboient ſur le viſage, que je ne trouvai point abbatu, malgré ſon affliction; & me regardant: Je vous prie, dit-elle, de prendre garde à vous acquitter comme il faut de ce que vous entreprenez. Madame, lui dis-je, ne vous mettez point en peine, pourvû que vous me faſſiez quelque petite honnêteté au-delà de ce qu'on me doit donner. Elle me le promit; & ſe levant dans le moment, elle me mena dans une autre chambre où étoit le corps de son mari, enveloppé de linges blancs ; & y ayant fait entrer sept personnes, elle-même leva le linge qui le couvroit ; & après avoir long-tems pleuré, elle les prit tous à témoin, que le corps avoit toutes ses parties : Voilà, dit-elle, son nez entier, ses yeux où l'on n'a pas touché, ses oreilles en leur place, ses lévres où il n'y a rien de gâté, & son menton tel qu'il a toujours été ; ce qu'un d'eux écrivoit à mesure qu'elle le disoit. Ainsi, Messieurs, continua-t'elle, vous en rendrez tous témoignage ; ensuite leur ayant fait signer l'acte qu'on venoit d'écrire, elle se retira. Je lui dis : Madame, ordonnez, s'il vous plaît, qu'on me donne les choses qui me sont nécessaires ? Et que vous faut-il, me dit-elle ? Il me faut, lui dis-je, une grande lampe & de l'huile suffisamment pour l'entretenir jusqu'au jour avec de l'eau, quelques bouteilles de vin, un verre & un plat de viande des restes du soupé.

Allez, impertinent que vous êtes, me dit-elle, en branlant la tête, vous demandez des restes de soupé dans une maison pleine d'affliction, où depuis plusieurs jours on n'a seulement pas allumé de feu. Pensez-vous être venu ici pour faire bonne chere ? ne devriez-vous pas plûtôt faire voir sur votre visage des larmes, & une tristesse convenable à ce lieu-ci ? En disant cela, elle se tourna vers sa femme de chambre. Mirrhine, dit-elle, qu'on lui apporte tout présentement une lampe & de l'huile. Elle sortit en même-tems, ferma la porte sur moi, & me laissa dans la chambre.

Me voyant donc seul à la garde du corps mort, je commence à frotter mes yeux, & me préparant à bien veiller, je me mets à chanter pour me deſennuyer. Bien-tôt le jour vint à baiſſer, & la nuit commença à paroître. Quand il fut nuit tout-à-fait, & qu'enfin le tems fut venu où tout le monde eſt enſeveli, dans un profond ſommeil, la peur commença à me ſaiſir. Alors je vois entrer une Bellete[1] qui s'arrête vis-à-vis de moi, & qui avec ſes yeux vifs & perçans, attache ſes regards ſi fixement ſur moi, que la hardieſſe d'un ſi petit animal ne laiſſa pas de me troubler un peu l'eſprit: enfin je lui dis : Que ne t'en vas-tu, vilaine bête ; que ne vas-tu te cacher avec les rats[2] tes ſemblables, avant que je te faſſe ſentir mes coups ? que ne t'en vas-tu donc ? Auſſi-tôt elle tourne le dos, & ſort de la chambre fort vîte.

Peu de tems après, un ſommeil profond s'empare ſi abſolument

19

20

de tous mes ſens, que le Dieu * de Delphes lui-même auroit eu peine à diſcerner entre le cadavre & moi, lequel étoit le plus mort de nous deux; ainſi preſque ſans vie, j'étois là comme n'y étant point, & j'avois beſoin moi-même d'un gardien.

Déja de tous côtés les cocqs annonçoient par leur chant la venuë du jour, quand je me réveillai en ſurſaut, tout ſaiſi de frayeur. Je cours à mon corps mort avec de la lumiere; & lui découvrant le viſage, je regarde ſoigneuſement par tout, & n'y trouvai rien de manque.

Dans le moment ſa pauvre veuve inquiette & déſolée, entra bruſquement, ſuivie des témoins du jour précédent, & ſe jetta ſur le corps du défunt. Après l'avoir baiſé pluſieurs fois, elle l'examine de tous côtés avec de la lumiere; & ſe tournant enſuite, elle appelle

* Apollon.

ſon homme d'affaires, & lui ordonne de payer ſur le champ ce que l'on avoit promis à un ſi bon & ſi fidéle gardien. Ce qui ayant été fait : Jeune homme, me dit-elle, je vous rends mille graces, & vous promets en faveur du bon ſervice que vous m'avez rendu, de vous compter deſormais au nombre de mes amis. Et moi, pénétré de joye d'avoir fait un gain auquel je ne m'attendois pas, & tout ravi de tenir ces belles pieces d'or, que je conſiderois de tems en tems dans ma main, je lui réponds : Madame, regardez-moi plûtôt comme un de vos ſerviteurs, & toutes les fois que vous aurez beſoin que je vous rende un pareil ſervice, vous n'avez qu'à me commander hardiment.

A peine avois-je achevé ce compliment ridicule, que tous les Domeſtiques de la maiſon

Orfeo vcciso dalle Baccanti. 136

Poi che la Donna sua tanto gradita
Ha persa Orfeo, più d'altra non gli cale,
Et sol ne i boschi col suon dolce inuita
Ad vdirlo ogni pianta, ogni animale.
Tal nuoua in Tracca han le Baccanti vdita,
Et ogniuna di lor l'incauto assale
Si, che tosto han con pietre, & haste attorte
Il Poeta diuin condotto à morte.

déteſtant le mauvais augure de mes paroles, courent après moi, armés de tout ce qu'ils avoient pû rencontrer : les uns me donnent des coups de poing dans le viſage, me meurtriſſent le dos avec leurs coudes, & me briſent les côtes : les autres m'aſſomment à coups de pied, m'arrachent les cheveux & déchirent mes habits : ainſi, preſque auſſi maltraité que le fut Adonis par les dents du ſanglier, ou Orphée par la fureur des Bacchantes, ils me jettent hors de la maiſon en m'accablant d'injures.

M'étant arrêté à la plus prochaine place pour reprendre mes eſprits, je me reſſouvins, mais trop tard, des paroles ſiniſtres que j'avois dites fort imprudemment à la Maîtreſſe de la maiſon, & je convins en moi-même que j'avois mérité un traitement encore plus rude.

Toutes les cérémonies du deüil étant achevées, comme on portoit le corps du défunt au bucher, ſuivant la coutume du païs, & que la pompe funebre, telle qu'il convenoit à un des plus conſiderables de la ville, paſſoit au travers de la grande place, on vit venir un vieillard fondant en larmes & s'arrachant les cheveux. Il s'approche du cercueil, & l'embraſſant, il s'écria d'une voix haute & entrecoupée de ſanglots :
» Je vous conjure, Meſſieurs, par
» les pieux devoirs que nous nous
» devons les uns aux autres, re-
» gardez en pitié ce pauvre Ci-
» toyen qu'on a malheureuſement
» fait mourir,[1] & vengez ſévére-
» ment ce forfait ſur cette mau-
» dite & méchante femme ; car
» c'eſt par elle ſeule que ce jeune
» homme qui eſt le fils de ma
» ſœur a été empoiſonné pour
» avoir ſon bien & en favoriſer ſon

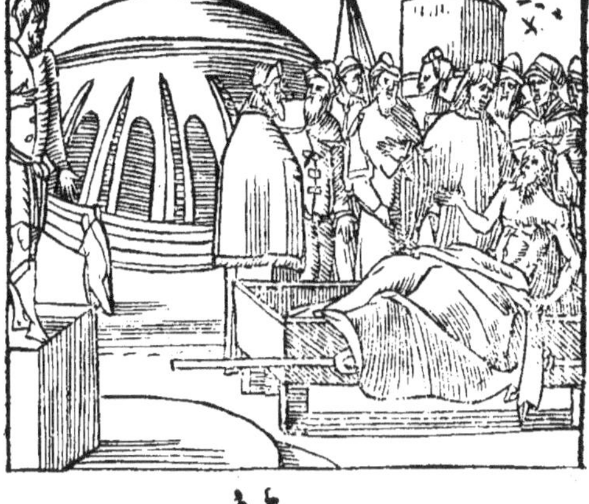

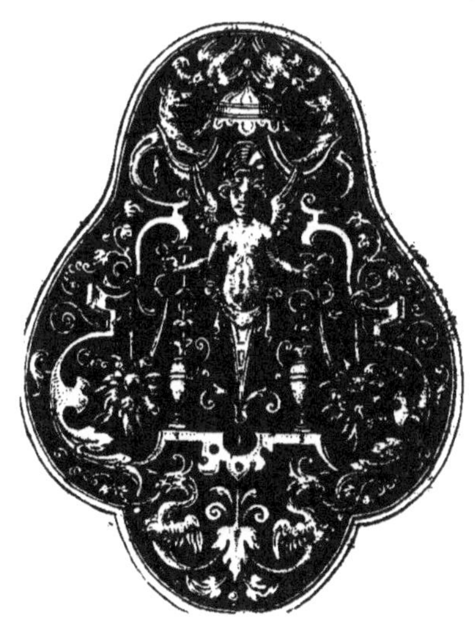

B 2

adultére. Les lamentations de ce vieillard toucherent tout le monde de compassion ; le peuple commença à murmurer, & persuadé de ce crime qui lui paroissoit vraisemblable, les uns demandent du feu pour brûler cette femme, les autres cherchent des pierres pour la lapider. On anime jusqu'aux enfans contre elle. Mais elle, répandant un torrent de larmes feintes, & prenant tous les Dieux à témoin, nioit ce crime abominable avec les sermens les plus sacrés. Eh bien, dit le vieillard, remettons à la divine Providence à faire connoître la vérité : Voici l'Egyptien Zachlas Prophete de grande réputation, qui m'a promis, moyennant une somme d'argent considerable, de rappeller cette ame des Enfers, & de ranimer ce corps. Sur le champ il fait avancer un jeune homme, couvert d'une robe de lin, chaussé avec des bottines de feüilles de palmier, & ayant la tête rase. Le vieillard embrassant ses genoux, & lui baisant plusieurs fois les » mains : Saint Prêtre, lui dit-il, » laissez-vous toucher de pitié ; » je vous en conjure par les Astres » des Cieux, par les Divinités » Infernales, par les Elemens qui » composent l'Univers, par le si- » lence de la Nuit, par le Sanc- » tuaire du Temple de Coptos, » par les accroissemens du Nil, » par les Mysteres de Memphis & » par les Sistres de Pharos : ren- » dez l'usage du jour pour quel- » ques instans à ce corps privé de » vie, & répandez un peu de lu- » miere dans ces yeux fermés » pour jamais. Ce n'est point pour » nous opposer aux loix de la na- » ture, ni pour refuser à la terre » ce qui lui appartient, que nous » demandons qu'il puisse vivre un » peu de tems ; mais pour avoir la consolation de venger sa mort. «

Le Prophete rendu favòrable par cette conjuration, appliqua par trois fois une certaine herbe sur la bouche du défunt, & en mit une autre sur sa poitrine : ensuite tourné vers l'Orient & faisant tout bas une priere au Soleil, tout le peuple resta dans une attention extraordinaire, à la vuë d'un spectacle si digne de respect, & dans l'attente d'un si grand miracle. Je me fourre dans la presse, & je monte sur une grande pierre qui se trouva derriere le cercueil, d'où je regardois curieusement tout ce qui se passoit. Déja la poitrine du mort commence à s'enfler, le mouvement du poux se fait sentir, & tout le corps se remplit d'esprits. Enfin il se leve, & profere ces mots : Pourquoi, « je vous prie, me rappellez-vous « aux devoirs d'une vie qui doit « finir dans un moment, après «

» que j'ai bû des eaux du fleuve » Lethé, & que je me ſuis baigné » dans les marais de Stix? Ceſſez, » je vous en conjure, ceſſez, & » laiſſez-moi joüir de mon repos.

Après que cette voix fut ſortie de ce corps, le Prophete paroiſ» ſant plus émû? Que ne réve» les-tu, lui dit-il, devant tout » le peuple le ſecret & les parti» cularités de ta mort? Crois-tu » que je n'aye pas le pouvoir par » mes enchantemens, d'appeller » à mon aide les Furies, & de » te faire ſouffrir de nouveaux » tourmens. Alors le corps jette ſes regards ſur tout le peuple, & lui adreſſe ces paroles en gémiſ» ſant: J'ai reçû la mort par les » déteſtables artifices de la fem» me que je venois d'épouſer, & » périſſant par le breuvage em» poiſonné qu'elle m'a fait pren» dre, j'ai quitté la place de mon » lit à ſon adultere.

Aussi-tôt cette brave femme s'arme d'audace,& d'un esprit capable des crimes les plus noirs, résiste en face à son mari, & nie effrontément ce qu'il avançoit. Le peuple s'échauffe, les opinions sont differentes ; les uns disent qu'il faut dans le moment enterrer cette méchante femme toute vive avec son mari ; les autres, qu'il ne faut pas ajouter foi à ce que peut dire un mort. Mais le jeune homme ôta tout sujet de contestation, par ce qu'il dit ensuite ; car poussant des soupirs encore plus profonds : Je vous « donnerai, dit-il, des moyens « clairs comme le jour, de con- « noître la pure vérité, & je vous « apprendrai des choses que per- « sonne ne sçait que moi ? Car « pendant que ce très soigneux « gardien de mon corps, conti- « nua-t'il, en me montrant du « doigt, me veilloit avec toute «

» l'exactitude possible, de vieilles » Enchanteresses cherchant à » avoir quelques morceaux de » mon visage, après avoir en » vain plusieurs fois changé de » forme, & ne pouvant tromper » sa vigilance, elles l'entoure» rent d'un nuage assoupissant, » qui l'ensevelit dans un profond » sommeil; ensuite elles ne ces» serent point de m'appeller par » mon nom, tant qu'enfin mon » corps & mes membres froids » commençoient peu à peu d'o» béïr aux enchantemens de » l'Art Magique. Mais celui-ci, » comme vivant encore, & n'é» tant privé de la vie que par le » sommeil, se leve croyant que » c'étoit lui qu'on appelloit, par» ce qu'il porte le même nom » que moi; & comme le fantôme » d'un homme mort, il se met » à marcher du côté de la porte, » quoi qu'elle fût fermée bien exactement.

exactement. Ces Sorcieres ne laiſſerent pas de lui couper le nez & les oreilles par un trou ; ainſi il m'a ſauvé l'un & l'autre à ſes dépens ; & afin que la tromperie fût complette, elles lui appliquerent fort proprement des oreilles de cire au lieu des ſiennes, & un nez de même matiere, tout ſemblable à celui qu'elles venoient de lui couper ; & certainement ce pauvre homme que vous voyez-là a bien gagné ſon argent, non pour m'avoir ſoigneuſemeut gardé, mais pour avoir été mutilé comme il eſt.

Tout épouvanté de ce diſcours, j'en voulus ſçavoir la vérité ; & me touchant le nez, il tombe dans ma main ; je tâte mes oreilles, elles tombent pareillement. Alors voyant que tout le monde me montroit au doigt, & me regardoit en ſe mocquant de moi, je me ſauvai au travers de la foule, tout trempé d'une ſueur froide. Je n'ai pas voulu retourner à mon païs ainſi défiguré, & n'étant plus qu'un ſujet de raillerie; mais avec mes cheveux abatus de côté & d'autre, je couvre le défaut de mes oreilles; & pour mon nez, j'en cache la difformité avec ce linge que j'y ai collé le plus proprement que j'ai pû.

Si-tôt que Thelephron eut achevé ſon hiſtoire, tous les conviés qui étoient échauffés de vin, recommencerent à éclater de rire, & comme ils demandoient encore du vin pour boire des ſantés, Birrhene m'adreſſa la parole. C'eſt demain, dit-elle, le jour d'une fête ſolemnelle, qui eſt auſſi ancienne parmi nous, que la fondation de cette ville. Nous ſommes les ſeuls d'entre tous les peuples du monde, qui par des cérémonies joyeuſes & divertiſſantes, nous rendons le Dieu RIS propice & favorable. Votre présence rendra la fête plus charmante, & je souhaite de tout mon cœur que vous inventiez quelque galanterie plaisante pour l'offrir à une si grande Divinité, & pour l'honorer encore davantage. Avec plaisir, Madame, lui dis-je, & je voudrois bien trouver quelque sujet de divertissement digne de la fête, & même de la présence d'un si grand Dieu.

Ensuite mon valet m'étant venu avertir qu'il étoit fort tard, comme j'avois un peu de vin dans la tête, aussi-bien que les autres, je me leve de table sans differer davantage ; & ayant pris congé de Birrhene, je m'en retourne d'un pas chancelant chez Milon. Mais en traversant la premiere place que nous rencontrâmes, le vent éteignit la lumiere qui servoit à nous conduire ; de maniere que nous trouvant tout d'un coup dans les ténébres d'une nuit très-obſcure, nous eûmes toutes les peines du monde à regagner notre demeure, fort fatigués & les pieds tout meurtris par les pierres que nous avions rencontrées en chemin.

En entrant dans notre ruë, nous voyons trois grands coquins qui viennent frapper à notre porte de toute leur force, ſans que notre préſence leur fît la moindre peur ; il ſembloit au contraire qu'ils redoublaſſent leurs coups, dans le deſſein de nous braver ; de maniere que nous ne doutâmes point & moi particulierement, que ce ne fuſſent des voleurs, & même des plus déterminés. Auſſi-tôt je tire mon épée, que j'avois apportée ſous mon manteau, pour me défendre en pareilles rencontres ; & ſans balancer un moment, je me jette au milieu de ces brigands,

21

& l'enfonce bien avant dans le corps de chacun d'eux à mesure qu'ils se présentoient devant moi, jusqu'à ce qu'enfin percés de plusieurs grands coups d'épée, ils tombent morts à mes pieds. Fotis que le bruit de ce combat avoit réveillée, s'en vint toute hors d'haleine ouvrir la porte. Je me jette dedans tout en sueur, & vas me mettre au lit aussi fatigué d'avoir combattu ces trois voleurs, que le fut Hercule après la défaite du triple Gerion.

Fin du second Livre.

REMARQUES SUR LE SECOND LIVRE.

D'*AUTANT plus que j'étois dans le milieu de la Thessalie, d'où l'on croit par tout le monde que l'Art magique a tire son origine.* La plûpart des Anciens étoient persuadés que la Thessalie étoit abondante en herbes propres aux enchantemens & aux poisons, que la Magie y avoit pris naissance & s'y étoit perfectionnée plus qu'en aucun lieu du monde. Ainsi l'on trouve souvent dans les Auteurs, *Mulier Thessala, une femme de Thessalie*, pour dire une Magicienne ou une Sorciere. *Horace Epod.* 5.

Quæ sidera excantata voce Thessala
Lunamque cœlo deripit.

Voilà, dit-elle, le même air de bonté de Salvia sa très-vertueuse mere. Apulée prend ici occasion assez adroitement de nous faire son portrait, & de nous apprendre qu'il étoit fort beau & fort bien-fait.

Aux Dieux ne plaise Madame. Le texte dit, *Parens, ma mere.* C'étoit un terme d'honnêteté en ce tems-là, qui seroit trop familier aujourd'hui, & qui ne plairoit pas. Je me suis servi du mot de *Madame*, qui est plus respectueux & selon nos manieres.

Le vestibule en étoit magnifique. C'est ainsi que j'ai traduit, *Atria longe pulcherrima.* Je sçai qu'*Atrium* se met quelquefois pour exprimer tout le dedans des maisons. Virgile a pris ce terme dans cette signification, aussi-bien que Vitruve, quand il a écrit dans le 2. l. de l'Æneïde.

Porticibus longis fugit & vacua atria lustrat

Et dans la suite du même livre.

Apparet domus intus, & atria longa patescunt.

Il est aisé de voir que Virgile entend par *Atria* tout ce qui se peut voir au dedans d'une maison par la porte quand elle est ouverte, qui est la court & les vestibules, ou les grandes salles.

Ainsi comme on ne peut marquer précisément ce qu'*Atrium* signifie, j'ai suivi Monsieur Perrault, qui dit qu'il a cru pouvoir hazarder le mot de *Vestibule* pour signifier celui d'*Atrium*, en avertissant qu'il n'entend pas précisément par Vestibule ce que les Anciens entendoient par *Vestibulum*, mais seulement ce qu'il signifie en nôtre langue.

1 *Sur lesquels on voyoit des statuës de la Déesse Victoire.* Il y a dans le Latin *Palmaris Deæ, de la Déesse portant la palme.* La description que nôtre Auteur en fait ici revient assez a ces vers de Claudien.

Ipsa duci sacras Victoria panderet alas,
Et palmâ viridi gaudens, & amicta trophæis.

La Victoire elle-même chargée de trophées, & tenant en main une palme verte, etendoit ses aîles en faveur de ce grand Capitaine. Les Athéniens, au rapport de Pausanias, representoient cette Déesse sans aîles, afin qu'elle ne pût s'envoler, & qu'elle restât toûjours chez eux.

J'arrivai chez Milon entierement déterminé. Je n'ai pû exprimer autrement, *Fores Milonis accedo : & quod aiunt pedibus in sententiam meam vado.* A Rome lorsque quelqu'un proposoit un avis dans le Senat sur quelque affaire pressante, & qu'on n'avoit pas le tems de recueillir les voix à l'ordinaire, il disoit à la fin de son dis-

cours :

Venus dans l'Isle de Cithere.

cours : *Quibus hæc salutaria videntur agitedum, in dextram partem pedibus transite : Que ceux à qui ce que je propose paroît bon & salutaire, passent tous du côté droit* ; & l'on appelloit ce que faisoient ceux qui s'alloient ainsi mettre du même côté, *pedibus ire in sententiam alicujus, se ranger de l'avis de quelqu'un.* Apulée se sert en badinant de cette façon de parler, parce qu'il étoit accouru avec empressement chez Milon, pour exécuter ce qu'il s'étoit mis dans la tête.

Enfin cette vûë m'ayant échauffée l'imagination, &c. J'ai adouci en cet endroit les expressions de l'original, qui ne pouvoient honnêtement se mettre en François.

Et personne ne pourroit éteindre votre ardeur que moi. Il y a ensuite dans le texte, *quæ dulce condiens, & ollam & lectulum suave quatere novi.* J'ai retranché cela tout-à-fait, parce qu'il est trop libre.

Fût-elle descenduë du Ciel, engendrée de la Mer, nourrie au milieu des Ondes, en un mot quand ce seroit Venus elle-même. On distinguoit de la Venus née de la Mer, une autre Venus qu'on appelloit Uranie ou Celeste : celle-ci n'inspiroit que des amours purs & chastes, qui élevoient les cœurs au Ciel ; elle avoit des Temples en plusieurs endroits de la Grece, où elle étoit representée armée, & son sacerdoce n'étoit exercé que par des Vierges. Xenophon distingue cette Venus-Uranie de l'autre Venus, en donnant à celle-ci l'amour des esprits & des vertus, & à l'autre l'amour des corps. Apulée dans son Apologie fait voir que cette Venus Celeste, distinguée de la vulgaire, ne nous permet d'aimer que des beautez qui peuvent renouveller dans nos ames l'idée & l'amour des beautez celestes.

La Venus née de l'écume des flots, mere des amours & des plaisirs, a toûjours eu pour le moins autant d'adorateurs que l'autre.

1 *Accompagnée des Graces.* Les Graces appellées Charites par les Grecs, étoient filles de Jupiter & d'Eurinome, selon quelques-uns, & selon d'autres de Bacchus & de Venus. Elles étoient trois, Aglaïe ou Pasithée, Euphrosine & Thalia. Ce sont des noms Grecs, dont le premier signifie *gayeté*: Euphrosine veut dire *agrément*, & Thalia *beauté*. Lorsque les Poëtes les mettoient en la compagnie de Venus, ils les regardoient comme les Déesses de la beauté & de la bonne

TRES Charites Veneri aßistunt, dominamque sequuntur:
  Hincque voluptates, atque alimenta parant:
Lætitiam Euphrosyne, speciosum Aglaia nitorem,
  Suadela est Pithus, blandus & ore lepos.
Cur nudæ? mentis quoniam candore venustas
  Constat, & eximia simplicitate placet.
An quia nil referunt ingrati, atque arcula inanis
  Est Charitum? qui dat munera, nudus eget.
Addita cur nuper pedibus talaria? bis dat
  Qui citò dat: minimi gratia tarda preti est.
Implicitis vlnis cur vertitur altera? gratus
  Fenerat: huic remanent vna abeunte duæ.
Iuppiter iis genitor, cæli de semine diuas
  Omnibus acceptas edidit Eurynome.

Armi d'Acchille fabbricate da Volcano, secondo Homero.

Teti visto il figliuol suggetto à Marte,
D'assicurarli il corpo si dispone,
Et ratta si conduce in quella parte,
Doue è Sterope, Bronte & Pyrammone.
Priega Volcan, ch' ogni sua industria & arte,
Et la man per armare Acchille pone
D'Elmo, Coraza, & Scudo ricco & terso,
In cui scolpito è tutto l'vniuerso.

grace. Ils disent, que la premiere rend les yeux fins & brillans ; que la seconde embellit la bouche, & que la troisiéme remplit le cœur de tendresse & de bonté. On les fait aussi quelquefois compagnes des Muses & de Mercure Dieu de l'Eloquence.

Parée de sa ceinture. Homere dans le 4. livre de l'Iliade, represente Venus avec une ceinture de diverses couleurs, qui rendoit aimables ceux qui la portoient. Junon l'emprunta de cette Déesse pour se faire aimer de Jupiter.

Son Vulcain même la trouvera desagréable. C'est-à-dire, que Venus sans cheveux, loin de pouvoir plaire à qui que ce soit, ne plairoit pas même à Vulcain qui en étoit fort amoureux, & qui boiteux & enfumé comme il étoit, ne devoit pas être si difficile & si délicat qu'un autre en amour.

Et comme je vis par la maniere dont elle recevoit mes caresses. Les expressions de cet endroit & d'un autre un peu plus bas, sont adoucies autant que je l'ai pû.

Comme si j'eusse vû l'Enfer. Le texte dit, *Avernum Lacum.* Ce Lac que les Italiens nomment encore Averno, est dans le Royaume de Naples, proche de Baie, de Cumes & de Pouzzol. Les anciens

Auteurs disent que ce Lac exhaloit des vapeurs si corrompuës, que les oiseaux qui voloient par-dessus tomboient morts, & qu'on n'en pouvoit trouver le fond. Ce qui a fait dire aux Poëtes que c'étoit une descente aux Enfers : Souvent même pour les exprimer on se servoit du nom de ce Lac, *Avernus*, comme a fait Apulée en cet endroit.

Ce Lac est entouré de montagnes qui étoient autrefois couvertes d'une épaisse forêt, ce qui contribuoit à rendre ce lieu vénérable, selon la superstition des Payens qui l'avoient consacré à Pluton. L'Empereur Auguste fit abattre ces bois, ce qui a rendu les environs de ce Lac autant agréables qu'ils étoient affreux auparavant. On y voit quelques fontaines d'eau tiéde, où l'on trouve de petits poissons noirs, qui ont un très-mauvais goût. Ceux du Lac sont de la même couleur & sentent le souphre. L'illustre Antoine Doria eut la curiosité de le sonder lui-même, pour voir s'il étoit d'une si immense profondeur, que cela eût donné lieu à l'opinion des Anciens qui le croyoient sans fond : il trouva que sa profondeur n'étoit que de deux cens trente-huit pas.

1. Sibilla
Delphica.

5 *O la grande sibylle de lampe.* Milon en riant donne le nom de sibylle à la lampe qui les éclairoit, parce que selon ce que disoit Pamphile, elle donnoit à connoître quel tems il devoit faire le lendemain. Les Sibylles étoient des filles Payennes, qui prédisoient l'avenir, & qui même, à ce qu'on dit, ont prophetisé la venuë du Fils de Dieu ou quelqu'action de sa vie. Ce nom de Sibylle est tiré de deux mots Grecs qui signifient *Conseil de Dieu*. La plus commune opinion est, qu'il y a eu des Sibylles de differens païs. La premiere & la plus ancienne est la Delphique, que quelques-uns appellent Artemis. Elle prophetisa long-tems avant la guerre de Troye. Il y en a qui croyent qu'Homere a inseré plusieurs de ses vers dans son Iliade.

Les livres des Sibylles étoient conservez à Rome dans le Capitole comme des choses sacrées. Ils furent brûlez avec ce superbe édifice du tems de Sylla, quatre-vingt-trois ans avant la venuë de Jesus-Christ. Le Senat eut soin de recouvrer tout ce qui se pouvoit trouver des vers des Sibylles; il envoya même pour cet effet des Ambassadeurs en Grece & en Asie qui en rapporterent environ mille qu'on leur attribuoit. On nomma quinze personnes pour les examiner, ensuite on les mit dans le Capitole qu'on avoit rebâti. Du tems d'Auguste on brûla jusqu'à deux mille vers attribuez aux Sibylles, & l'on enferma dans deux cassettes d'or dans le Temple d'Apollon ceux qu'on crut être veritablement des Sibylles. Tant qu'il y a eu des Empereurs Payens à Rome, on a toûjours gardé avec grand soin ces prétendus Oracles que l'on consultoit dans les pressans besoins de l'Etat.

Nous avons presentement plusieurs vers Grecs divisez en huit livres, qu'on prétend être des Sibylles ; mais beaucoup de Sçavans croyent qu'ils ont été supposez dans le deuxiéme siécle.

Monsieur Petit a donné au public, il y a quelques années, une Dissertation fort curieuse touchant les Sibylles, où il prétend prouver qu'il n'y a jamais eu qu'une seule femme qui se mêlât de prophétiser, à qui les anciens Auteurs Grecs ayent donné ce nom de Sibylle.

Un certain Chaldéen. Les Chaldéens habitoient cette partie de l'Asie qui confine à l'Arabie, dont la ville capitale étoit Babylone. Ils étoient fort adonnez à l'Aſtrologie Judiciaire ; ils interprétoient auſſi les Songes, & pratiquoient toutes les ſuperſtitions de la Magie, ce qui a fait appeller Chaldéens dans la ſuite tous ceux qui ſe mêloient de ces ſortes de ſciences.

Il lui arriva un accident un peu fâcheux, Le texte dit, *Fortunam ſcævam an ſævam verius dixerim, une fortune ſiniſtre, ou pour mieux dire cruelle.* Etant impoſſible de rendre en François le jeu de mots qui eſt dans le Latin, j'ai cru qu'il valoit mieux exprimer la choſe ſimplement, comme je l'ai fait.

Un voyage auſſi funeſte que le nôtre, ou plûtôt que celui d'Uliſſe. Uliſſe après la priſe de Troye, voulant retourner à Itaque, eſſuya, comme tout le monde ſçait, pluſieurs naufrages, & toutes les diſgraces d'un voyage très-malheureux. Mais il eſt très-plaiſant que ce Devin entouré de peuple, tranſporté du plaiſir de revoir ſon ami, lui conte ſans réfléxion tout haut les circonſtances d'un voyage qu'il vient de faire, où, à la mort près, il a eſſuyé tout ce qu'on peut imaginer de plus affreux, dans le tems juſtement qu'un homme le conſultoit ſur le jour qu'il devoit partir, afin qu'il ne lui arrivât aucun accident fâcheux dans un voyage qu'il avoit à faire.

Elle prend un verre de vin, & ayant versé dessus un peu d'eau tiéde. Cet usage de mettre de l'eau tiéde dans le vin pour le boire, est bien contraire au nôtre, qui est de le boire à la glace. Les Anciens croyoient que la chaleur réveilloit les esprits du vin. Dans le Levant, c'est encore un usage assez ordinaire de boire un peu chaud, quoiqu'on s'y lave les mains dans de l'eau rafraichie avec de la neige, quand on en peut avoir.

Etant donc animé par l'amour & par le vin. Il y a beaucoup de saletez retranchées en cet endroit.

Que je la quittasse d'un moment. Le texte dit, *Que je m'éloignasse d'elle de l'épaisseur d'un ongle.* C'est une expression de ce tems-là qui ne seroit pas bonne en François.

Il étendit la main droite à la maniere des Orateurs. Il y a dans l'original, *Il étendit la main droite, & disposa ses doigts à la maniere des Orateurs, fermant les deux plus petits, ayant les deux autres ouverts, & le pouce étendu.* J'ai crû devoit omettre ces circonstances.

Aux Jeux Olimpiques. Ces Jeux étoient fort fameux dans la Grece, ils se cele-

6

7

IOUEURS DE CESTES. CESTES

Fabretti

7

Fabretti

broient de quatre en quatre ans, en l'honneur de Jupiter, vers le solstice d'Eté sur les bords du fleuve Alphée, proche la ville de Pise dans l'Elide, qui est une partie du Peloponese. On n'a rien de fort certain sur leur premiere institution ; quelques-uns l'attribuent à Hercule. Iphitus les rétablit vingt-deux ou vingt-trois ans avant la fondation de Rome ; ils devinrent si solemnels, que la Grece en fit son époque, & compta ses années par les Olimpiades.

7 Ces Jeux duroient cinq jours ; toute la jeunesse de la Grece s'y trouvoit pour y disputer les prix par cinq sortes d'exercices, qui sont le Ceste ou les Gantelets, la Course, le Saut, le Disque ou le Palet, & la Lutte. On y ajoûta dans la suite un sixiéme exercice, qui étoit la course des Chariots. Ceux qui remportoient quelqu'un des prix, étoient tellement honorez, que quand ils retournoient en leur patrie, on abattoit un pan de muraille de la ville, pour les y faire entrer sur un char de triomphe, aux acclamations de tout le peuple.

Qu'elles tromperoient aisément les yeux du Soleil & de la Justice. Comme c'est par le Soleil que tout est éclairé, & peut être vû ſur la terre, ce n'eſt pas ſans raiſon que les Grecs l'appelloient *Pant'horon, tout voyant*; & nôtre Auteur dans le premier livre l'appelle auſſi *Deum videntem, Dieu qui voit tout.*

Selon Aulu-Gelle, on repreſentoit la Juſtice avec des yeux vifs & perçans, pour montrer que les Juges doivent examiner avec la derniere exactitude les choſes ſur leſquelles ils doivent prononcer. On la repreſente aujourd'hui avec un bandeau ſur les yeux, pour marquer qu'on doit rendre la Juſtice ſans acceptation de perſonne, & ſans rien enviſager que la raiſon.

Et ayant fait entrer ſept perſonnes, &c. Elle les prit tous à témoin. Ce nombre eſt celui que l'on pouvoit deſirer pour les choſes les plus importantes, & le même que les Loix Romaines demandoient pour la validité des teſtamens.

Déteſtant le mauvais augure de mes paroles. Ce mauvais augure conſiſtoit en ce qu'il ſembloit, par l'offre de ſes ſervices, ſouhaiter qu'il mourût bien-tôt quelqu'un dans la famille, pour le garder comme il avoit fait ce dernier mort.

Voici l'Egyptien Zachlas, Prophete de grande réputation. Les Egyptiens étoient

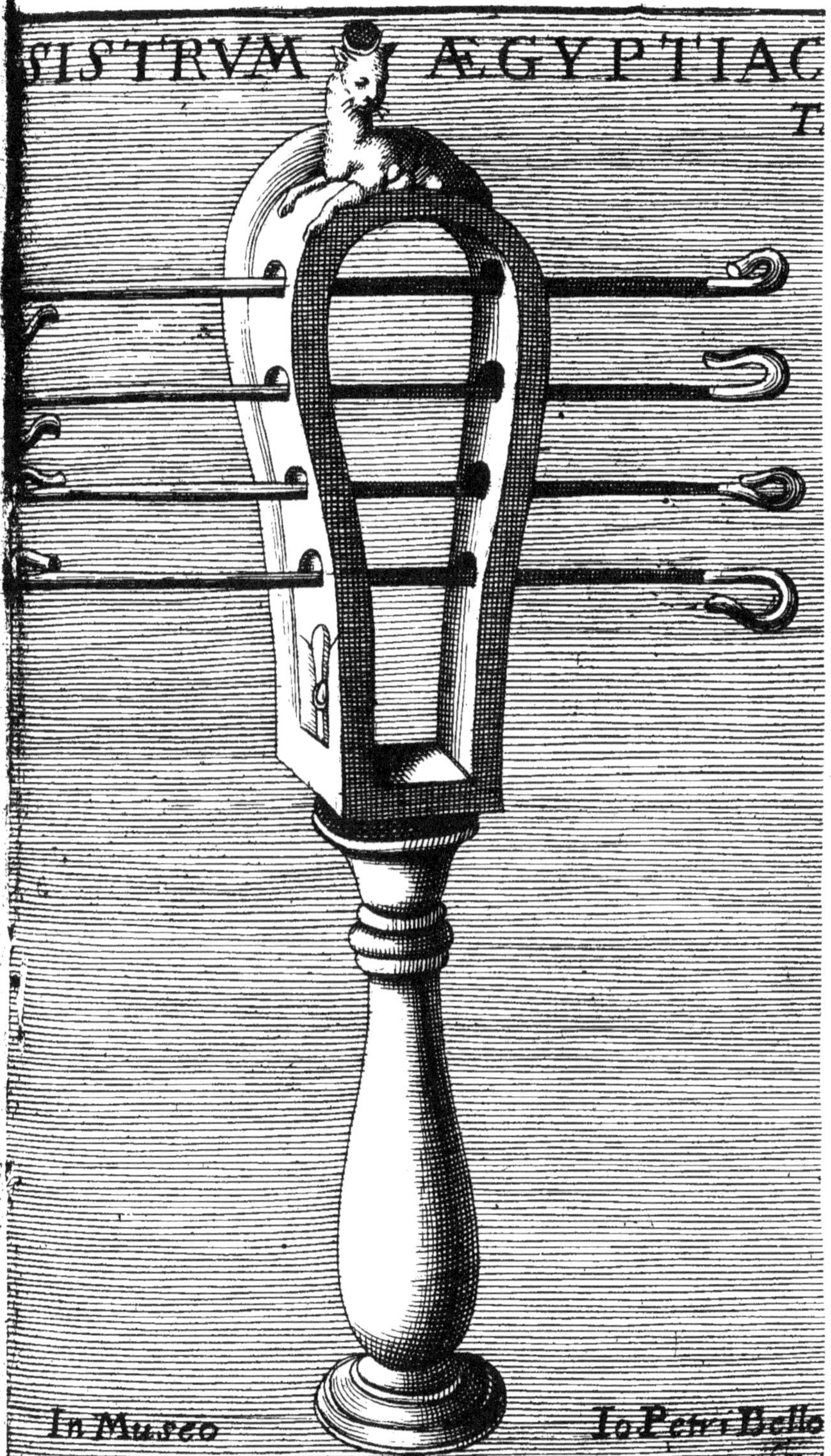
SISTRUM ÆGYPTIAC
T.
In Museo
Io Petri Bello

fort renommez pour toutes les ſciences, & ſur tout pour l'Aſtrologie & la Magie. Nous apprenons de Diodore de Sicile, qu'Homere, Licurgue, Solon, Pythagore, & pluſieurs autres grands hommes, avoient voyagé exprès en Egypte, pour conferer avec les Prêtres de cette contrée, & profiter de leur converſation & de leurs lumieres. Strabon aſſure qu'on y montroit long-tems depuis le logis où Platon & Eudoxe avoient demeuré treize années enſemble.

Par les accroiſſemens du Nil. Les Egyptiens regardoient les inondations du Nil comme quelque choſe de divin, parce qu'elles arrivoient reglement tous les ans pendant l'Eté, & qu'elles rendoient leurs terres fertiles au défaut de la pluye.

Par les myſteres de Memphis. Memphis étoit la capitale de l'Egypte, la même que le grand Caire d'aujourd'huy. On y adoroit Oſiris & Iſis par des cérémonies ſecrettes, qu'il n'étoit pas permis de révéler aux prophanes, c'eſt-à-dire, à ceux qui n'étoient pas initiez dans les myſteres ſacrez.

Par les Siſtres de Pharos. Par Pharos qui eſt une Iſle d'Egypte, l'Auteur entend l'Egypte entiere. Les Siſtres étoient des instrumens pour faire du bruit, consacrez au culte d'Isis. On en voit un tout de cuivre dans la Bibliotheque de sainte Geneviéve à Paris, c'étoit leur matiere ordinaire ; il y en avoit cependant d'or & d'argent, comme il paroît dans l'onziéme livre de ces Métamorphoses.

1 *Laissez-moi joüir de mon repos.* Le séjour des Enfers étoit consideré par les Anciens comme le centre & le lieu de repos des Ombres des Morts. Celles qu'on en évoquoit par la force des enchantemens, marquoient un grand empressement d'y retourner. L'Ombre même de Samuel, ou le phantôme qui parut à sa place, marqua à Saül son indignation de ce qu'il troubloit son repos : *Quare inquietasti me ut suscitarer.*

Et comme ils demandoient encore du vin pour boire des santez. Cet usage de boire des santez, ou ce qui est la même chose de souhaitter du bien à quelqu'un en bûvant, est aussi ancien que les banquêts. La formule la plus ordinaire de boire ces santez, étoit de se servir du mot de *bene* avec le nom, comme *bene te*, *bene me*, *bene nos*, où l'on sous-entendoit toûjours *valere opto*, *je vous souhaite une bonne santé.* Dans Plaute, un valet bûvant avec

un de ses camarades dit, *bene nos, bene te, bene nostram etiam Stephaniam : à nôtre santé, à la tienne, à la mienne, à la santé aussi de nôtre Stephania*, c'étoit leur Maîtresse commune. On poussoit quelquefois la galanterie jusqu'à boire autant de coups à la santé de sa Maîtresse, qu'il y avoit de lettres dans son nom, comme on le voit par les vers d'un Epigramme de Martial.

Nævia sex cyathis, septem Justina bibatur,
Quinque Lycas, Lyde quatuor, Ida tribus :
Omnis ab infuso numeretur amica Falerno.

Bûvons six coups à la santé de Nævia, sept à celle de Justine, cinq à celle de Lycas, quatre à celle de Lydé, & trois à celle d'Ida, & qu'on connoisse le nombre des lettres du nom de nos Maîtresses par celui des coups que nous aurons bû à leur santé.

Le Dieu RIS propice & favorable. Pausanias fait mention de la fête qu'on célébroit en l'honneur du Dieu RIS chez les Hypatéens ; & Plutarque parle d'un Temple consacré à cette Divinité, & rapporte que Lycurgue lui fit dresser une statuë.

Que le fut Hercule après la défaite du triple Gerion. On met au nombre des travaux d'Hercule la défaite de Gerion,

Roi des trois Isles Majorque, Minorque & Juique, ce qui a donné lieu aux Poëtes de feindre qu'il avoit trois corps. Quelques-uns disent qu'ils étoient trois freres de ce nom-là, si unis entre eux, qu'ils sembloient n'être animez tous trois que d'une seule ame.

L'ANE D'OR D'APULÉE, PHILOSOPHE PLATONICIEN.

LIVRE TROISIE'ME.

L'AURORE à peine recommençoit sa course dans les Cieux, que je fûs privé du repos que j'avois pris pendant la nuit. Je m'éveillai tout d'un coup, avec un trouble & une agitation d'esprit extraordinaire, au souvenir du meurtre que j'avois commis le soir précédent. Enfin, aſſis ſur mon lit, les jambes croiſées & les mains jointes ſur mes genoux, je pleurois à chaudes larmes. Je m'imaginois déja me voir entre les mains de la Juſtice, que j'allois comparoître devant les Juges, que j'entendois prononcer ma condamnation, & même que le bourreau étoit prêt à mettre la main ſur moi. Hélas, diſois-je, qui ſera le Juge aſſez indulgent & aſſez de mes amis pour me déclarer innocent, après avoir répandu le ſang de trois des Citoyens de cette ville. Eſt-ce-là ce voyage qui me devoit être avantageux, ſuivant les aſſurances ſi poſitives que m'en avoit donné le Chaldéen Diophane? Repaſſant ainſi toutes ces choſes dans mon eſprit, je déplorois ma triſte deſtinée.

Cependant on entend tout d'un coup frapper rudement à la porte, avec de grands cris que faiſoit

faisoit le peuple qui s'y étoit amassé. Un moment après la porte ayant été ouverte avec violence, les Magistrats & leurs Officiers entrerent, suivis d'un grand nombre de toutes sortes de gens. Aussi-tôt deux Archers, par l'ordre des Juges, me saisissent, & me tirent hors de la maison, sans que je fisse aucune résistance. Dès la premiere ruë par où nous passâmes, tout le peuple de la ville qui accouroit de tous côtés, s'amassa autour de nous & nous suivit en foule; & quoique je marchasse fort triste, les yeux baissés jusqu'à terre, ou plûtôt jusqu'aux Enfers; cependant détournant un peu la vûë, j'apperçûs une chose qui me jetta dans une extrême surprise. De ce grand nombre de peuple qui nous entouroit, il n'y en avoit pas un seul qui n'éclatât de rire.

Après m'avoir fait traverser

toutes les places & les carrefours de la ville, & qu'on m'eût promené comme on fait les victimes, quand on veut appaiser la colere des Dieux, & détourner les malheurs dont on est menacé par quelque funeste présage ; on me méne dans le lieu où l'on rendoit la Justice, & l'on me met devant le Tribunal. Les Juges étoient déja placés, & l'Huissier faisoit faire silence, quand d'une commune voix, on demanda qu'un jugement de cette importance fût rendu dans la place où l'on représentoit les Jeux, attendu la foule épouvantable qui mettoit tout le monde en danger d'être étouffé. Aussi-tôt le peuple courut de ce côté-là, & remplit en moins de rien l'amphitheâtre, toutes ses avenuës & son toît ; les uns embrassoient des colonnes pour se soutenir, d'autres se tenoient suspendus à des statuës ; quelqués-uns

avançoient la moitié du corps par des fenêtres & par des lucarnes, & l'extrême désir que chacun avoit de voir ce spectacle, lui faisoit oublier qu'il exposoit sa vie.

Les Archers me conduisirent par le milieu du theâtre comme une victime, & me placerent dans l'orchestre. En même-tems le Heraut appella à haute voix celui qui s'étoit rendu ma partie. Alors un vieillard se leva, ayant auprès de lui un petit vase plein d'eau en forme d'entonnoir, d'où elle tomboit goute à goute, pour mesurer le tems que son discours devoit durer, & adressa ainsi la parole au peuple.

Messieurs, il ne s'agit pas ici « d'une affaire de peu d'impor- « tance, puisqu'elle regarde le « repos & la tranquillité de toute « la ville, & qu'elle doit servir « d'un exemple mémorable pour « l'avenir ; ainsi pour l'honneur «

» & la sureté du public, il est d'une » grande conséquence à chacun » de vous en particulier, & à tous » en général, que tant de meur- » tres que ce méchant homme a » commis si cruellement, ne de- » meurent pas impunis. Et ne » croyez pas, Messieurs, que je » me porte avec tant de chaleur » dans cette affaire par quelque » animosité personnelle, ou par » aucun interêt particulier ; car » je suis Capitaine des Archers » qui font le guet pendant la nuit, » & je ne crois pas que personne » puisse m'accuser jusqu'à présent » d'avoir manqué aux devoirs de » ma charge. Mais je viens au » fait, & vais vous rapporter les » choses telles qu'elles se sont » passées la nuit derniere. Envi- » ron à l'heure de minuit, comme » je parcourois la ville, regardant » soigneusement de tous côtés, je » rencontre ce jeune furieux, l'é-

pée à la main, cherchant à maſ- «
ſacrer quelqu'un, après avoir «
déja égorgé trois hommes, qui «
achevoient d'expirer à ſes pieds, «
baignés dans leur ſang. Auſſi- «
tôt il prend la fuite, troublé «
avec raiſon, par l'énormité de «
ſon crime ; & à la faveur des «
ténébres, il ſe ſauve dans une «
maiſon où il a demeuré caché «
toute la nuit. Mais par la Pro- «
vidence des Dieux, qui ne per- «
mettent pas que les crimes de- «
meurent impunis, avant que ce «
coupable pût nous échaper par «
des chemins détournés, ſi-tôt «
que le jour a paru, j'ai pris ſoin «
de le faire conduire à votre Tri- «
bunal, pour ſubir votre très- «
auguſte & très-équitable juge- «
ment, & vous voyez devant «
vous, Meſſieurs, un criminel «
ſoüillé de trois meurtres, un «
criminel pris ſur le fait, & qui «
de plus eſt étranger. Prononcez «

» donc ſans differer ſur des cri-
» mes dont un de vos Citoyens
» même ſeroit ſévérement puni
» s'il en étoit coupable.

Ainſi finit ce diſcours, que d'une voix tonnante, cet ardent accuſateur venoit de prononcer. Auſſitôt le Heraut me commanda de parler, en cas que j'euſſe quelque choſe à répondre : mais je ne me ſentois capable que de verſer des larmes, non pas tant à cauſe de la cruelle accuſation dont on me chargeoit, que par le reproche que me faiſoit ma conſcience. Cependant, comme ſi quelque Divinité m'eût dans le moment inſpiré de la hardieſſe, voici comme je parlai.

» Je n'ignore pas, Meſſieurs,
» combien il eſt difficile qu'un
» homme accuſé d'en avoir tué
» trois, & qui avouë le fait, puiſſe
» perſuader à une ſi nombreuſe
» aſſemblée qu'il eſt innocent,

quelques vérités qu'il puisse «
alleguer pour sa justification. «
Mais si votre bonté m'accorde «
un moment d'audience, je vous «
ferai connoître aisément que je «
cours risque de perdre la vie, «
non pour l'avoir mérité, mais «
pour avoir eu une juste indi- «
gnation causée par un accident «
imprévû. Comme je revenois «
hier fort tard de souper, ayant «
à la vérité un peu de vin dans «
la tête (je vous avouërai fran- «
chement cette faute,) je trou- «
vai devant la maison du bon «
Milon, l'un de vos Citoyens «
chez qui je loge, une troupe «
de scélérats & de voleurs, qui «
cherchoient les moyens d'en- «
trer chez lui, & qui ayant forcé «
les gonds de la porte, & fait «
sauter les verroux dont on l'a- «
voit exactement fermée, déli- «
beroient déja d'assassiner tous «
ceux de la maison. Un d'en- «

» tr'eux, plus agissant & d'une
» taille au-dessus des autres, les
» excitoit ainsi : Courage, enfans,
» attaquons avec vigueur ces gens
» qui dorment ; ne perdons pas
» un moment, & bannissons toute
» crainte, le poignard à la main,
» portons la mort dans toute cette
» maison. Que celui qui sera trou-
» vé endormi, soit tué ; que celui
» qui se voudra défendre, soit
» percé de coups. C'est ainsi que
» nous serons en sureté pour
» notre vie, si nous la faisons
» perdre à tous ceux qui sont
» dans ce logis. Je vous avouë,
» Messieurs, que poussé du zele
» que doit avoir un bon Citoyen,
» & craignant pour mes hôtes,
» aussi-bien que pour moi-même,
» avec l'épée que je porte pour
» me garentir en de pareilles
» occasions, je me suis mis en de-
» voir d'épouvanter ces insignes
» voleurs, & de leur faire prendre
la

la fuite ; mais ces hommes féroces & déterminés, au lieu de fuir, me voyant l'épée à la main, se mettent hardiment en défense, & nous combattons fort & ferme. Enfin leur chef m'attaquant de près & vivement, se jette sur moi, me prend à deux mains par les cheveux, & me renverse en arriere. Mais pendant qu'il demandoit une pierre pour m'assommer, je lui porte un coup, & je le jette heureusement par terre. Dans l'instant j'enfonce mon épée entre les deux épaules du second, qui me tenoit au pied avec les dents ; & le troisiéme venant sur moi sans précaution & comme un furieux, d'un grand coup d'épée que je lui donne dans le ventre, je le renverse mort sur la place. M'étant ainsi mis hors de danger, & ayant pourvû à la sureté

» de mon hôte, aussi-bien qu'à
» celle du public, bien loin de
» me croire coupable, je croyois
» avoir mérité des loüanges de
» tout le monde, moi qui n'ai
» jamais été accusé du moindre
» crime, qui ai toujours passé
» dans mon païs pour un homme
» d'honneur, & qui ai toujours
» préféré l'innocence à tous les
» avantages de la fortune ; & je
» ne puis comprendre par quelle
» raison l'on me poursuit en Jus-
» tice pour avoir puni des scélé-
» rats & des voleurs, d'autant
» plus qu'il n'y a personne qui
» puisse prouver qu'il y ait ja-
» mais eu aucune inimitié parti-
» culiere entre nous, ni même
» qu'aucun d'eux me fût connu ;
» outre qu'on ne peut pas dire
» que j'aye commis une telle ac-
» tion dant la vûë de profiter de
» leurs dépoüilles.

Après que j'eûs ainsi parlé,

13

Philipe Millot fec

24

mes larmes recommencerent à couler ; & dans la douleur qui m'accabloit, tendant les mains tantôt aux uns, tantôt aux autres, je leur demandois grace, & les conjurois de me l'accorder par tout ce qu'ils avoient de plus cher au monde, & par la pitié qu'on doit avoir pour les malheureux. Comme je crus que mes larmes avoient assez excité la compassion de tout le monde, attestant l'œil du Soleil[13] & de la Justice, & recommandant l'événement de cette affaire à la Providence des Dieux[14], je levai les yeux un peu plus haut, & j'apperçûs tout le peuple qui faisoit de grands éclats de rire, & même le bon Milon, cet honnête homme qui m'avoit témoigné une amitié de pere, rioit à n'en pouvoir plus, aussi-bien que les autres. Je dis alors en moi-même : Voilà donc la bonne foi, voilà la reconnoisſance que l'on doit attendre des ſervices qu'on a rendus. Pour ſauver la vie à mon hôte, j'ai tué trois hommes, & je me trouve prêt d'être condamné à mort ; cependant non content de ne me donner aucun ſecours, ni même aucune conſolation, il rit encore de mon malheur.

Alors on vit venir au milieu du theâtre une femme en habit de deüil, qui fondoit en larmes & qui portoit un enfant dans ſes bras ; une autre vieille femme la ſuivoit pauvrement habillée, affligée & pleurant comme elle. Elles avoient l'une & l'autre des branches d'olivier dans les mains ; elles vinrent en cet état ſe jetter auprès du lit, où ſous une couverture étoient les corps de ces morts ; & ſe donnant dans le ſein des coups que tous les ſpectateurs pouvoient entendre, elles ſe mirent à gémir avec des tons lugubres & douloureux. Par la com- « passion que les hommes se doi- « vent les uns aux autres, di- « soient-elles, par les sentimens « naturels d'humanité, ayez pitié « de ces jeunes hommes indigne- « ment massacrés, & ne refusez « pas la consolation de la ven- « geance à de pauvres veuves dé- « laissées. Secourez au moins cet « enfant malheureux, qui se trou- « ve sans aucune subsistance dès « les premieres années de sa vie, « & sacrifiez le sang de ce scélérat « pour maintenir vos Loix & pour « servir d'exemple. «

Ensuite le Juge le plus ancien se leve, & parle au peuple en ces termes : A l'égard du crime, « que nous sommes obligés de « punir sévérement, celui même « qui l'a commis ne le peut désa- « voüer. Il ne nous reste plus qu'à « trouver les moyens de décou- « vrir les complices d'une action «

» si noire ; puisqu'il n'est pas vrai-
» semblable, qu'un homme seul
» en ait pû tuer trois, jeunes,
» forts & vigoureux. Il est donc
» à propos d'employer les tour-
» mens pour en sçavoir la vérité ;
» car le valet qui l'accompagnoit
» s'est sauvé sans qu'on ait pû le
» découvrir, & cela réduit l'af-
» faire au point qu'il faut donner
» la question au coupable, pour
» lui faire déclarer ses complices,
» afin de nous délivrer entiere-
» ment de la crainte d'une faction
» si dangereuse.

Sur le champ on me présente le feu, la rouë & des foüets de differentes sortes, à la maniere de la Gréce. Ce fut alors que mon affliction redoubla, de ce qu'il ne m'étoit pas au moins permis de mourir sans perdre quelque partie de mon corps. Mais cette vieille femme qui par ses larmes avoient émû toute l'assemblée, s'écria : Messieurs, avant que « ce brigand, meurtrier de mes « trois pauvres enfans, soit appli- « qué à la question, souffrez que « l'on découvre leurs corps, afin « que remarquant comme ils « étoient bien faits & dans la « fleur de leur âge, votre juste « indignation s'augmente encore, « & que vous punissiez le coupa- « ble suivant la qualité de son « crime. «

Tout le peuple applaudit à ce que cette femme venoit de dire, & le Juge aussi-tôt me commanda de découvrir moi-même les corps qui étoient sur ce lit. Comme j'en faisois difficulté, en me retirant en arriere, ne voulant point irriter de nouveau mes Juges par la vûë de ce spectacle, les Huissiers par leur ordre m'en presserent, usant même de violence ; & me faisant avancer la main, ils me la portent jusque sur les cadavres. Enfin cedant à la force malgré moi, je pris le drap, & découvre les corps. Grands Dieux! quelle surprise! quel prodige! quel changement subit à l'état de ma fortune! Dans le moment que je me considerois comme un homme qu'il ne falloit plus compter au nombre des vivans, je vis que les choses avoient entierement changé de face, & je n'ai point de termes pour vous exprimer ce qui caussoit ce changement. Car ces prétendus hommes morts, étoient trois Outres, enflés & percés aux mêmes endroits où je me souvenois d'avoir blessé ces trois voleurs que j'avois combattus le soir précédent. Alors ce rire qui d'abord m'avoit surpris, & qui par l'artifice de quelques-uns avoit été retenu pendant quelque tems, éclata en liberté. Les uns transportés de joye, me félicitoient, les autres se tenoient les côtés de rire ; ainsi tout le peuple joyeux & content sortit de l'amphitheâtre en me regardant.

Pour moi, dès l'instant même que je touchai le drap qui couvroit ces prétendus hommes morts, je demeurai froid & immobile comme une des colonnes, ou une des statuës du theâtre, & je ne repris point mes esprits, jusqu'au moment que mon hôte Milon s'approcha de moi, & me prenant par la main, m'emmena en me faisant une douce violence. Je le suivois en sanglotant & versant des larmes. Il me conduisit chez lui par de petites ruës détournées, & par les endroits où il y avoit le moins de monde, & tâchoit de me tirer de l'abbattement où la peur & la tristesse m'avoient mis, en me disant tout ce qu'il pouvoit pour me consoler ; mais il ne lui fût pas possible d'adoucir l'indignation que je ressentois jusqu'au fond du cœur de l'affront qu'on venoit de me faire.

Aussi-tôt les Magistrats avec les marques de leur dignité, entrent dans notre maison, & tâchent de m'appaiser en me parlant ainsi : Nous n'ignorons » point, Seigneur Lucius, votre » illustre naissance, ni la dignité » de vos ancêtres ; car la gran- » deur de votre maison est en » vénération dans toute la Pro- » vince. Aussi n'est-ce point pour » vous faire aucun outrage qu'on » vous a fait ce qui vous cause » tant de chagrin. Bannissez donc » cette tristesse & cet accable- » ment dont votre cœur & votre » esprit sont saisis. Car ces Jeux, » par lesquels nous célébrons tous » les ans la fête de l'agréable Dieu » RIS, sont toujours recomman- » dables par quelque nouvelle » plaisanterie. Ce Dieu n'abandonne plus celui qui en a été le « sujet, & ne souffrira jamais que « la tristesse s'empare de vous ; « mais il répandra toujours un « air de sérénité & de joye sur « votre visage. Au reste, toute la « ville vous fera de grands hon- « neurs pour cette faveur qu'elle « a reçûë de vous ; car elle vous « a déja choisi pour son Protec- « teur, & elle vous a décerné une « statuë de bronze. «

Je leur répondis en ces termes : Je remercie très-humblement « cette magnifique & principale « ville de Thessalie, de tous les « honneurs qu'elle m'offre ; mais « je lui conseille de réserver ses « statuës pour des sujets plus di- « gnes & plus considerables que « moi. Ayant ainsi parlé modestement, & tâchant de montrer un peu de gayeté sur mon visage, je congédiai les Magistrats avec civilité.

Un moment après un des domestiques de Birrhene vint m'avertir de sa part, que l'heure approchoit d'aller souper chez elle, suivant la promesse que je lui en avois faite le soir précédent ; & comme je ne pouvois seulement penser à cette maison sans frémir : Je voudrois de tout mon cœur, dis-je à son homme, pouvoir obéïr aux commandemens de Birrhene, s'il m'étoit permis de le faire honnêtement ; mais mon hôte Milon, m'ayant conjuré par le Dieu dont on fait la fête aujourd'hui, m'a fait promettre de souper avec lui. Il ne m'a point quitté, & ne souffrira jamais que je sorte. Ainsi je la prie de remettre la partie à une autre fois.

Comme j'achevois de parler, Milon commanda qu'on apportât après nous les choses nécessaires pour se baigner, & me prenant par la main, il me conduit aux

15

bains les plus proches. J'évitois les regards de tout le monde, & marchant à côté de lui, je me cachois autant qu'il m'étoit possible de ceux que je rencontrois, pour ne leur pas donner encore sujet de rire par le souvenir de ce qui s'étoit passé. Quand nous fûmes aux bains, j'eus l'esprit si troublé, je fus si confus de voir que tout le monde avoit les yeux attachés sur moi & me montroit au doigt, que je ne me souviens point, ni comme je me baignai, ni comme je m'essuyai, ni de quelle façon je retournai chez mon hôte.

Le mauvais petit soupé que je fis avec Milon ayant duré fort peu de tems[15], il ne fit aucune difficulté de me permettre de m'aller coucher, attendu le violent mal de tête que je lui dis que j'avois, & que m'avoit causé l'abondance des larmes que j'avois répanduës. Lorsque je fus dans mon lit, je repaſſois triſtement dans mon eſprit toutes les particularités de ce qui m'étoit arrivé, quand enfin ma chere Fotis, après avoir couché ſa Maîtreſſe, vint me trouver fort changée : ce n'étoit plus cet air riant, ni cet enjouëment qui accompagnoit d'ordinaire ſes diſcours ; au contraire, elle avoit un air ſombre & triſte.

Je viens vous avoüer franchement, me dit-elle, avec une parole lente & timide, que c'eſt moi qui ſuis la cauſe du chagrin que vous avez eu. En même-tems elle tire de ſon ſein une courroye, & me la préſentant : Vengez-vous, dit-elle, je vous en conjure, vengez-vous d'une femme déloyale ; puniſſez-là, même encore par quelque plus grand ſupplice, tel que vous voudrez l'imaginer. Je vous prie cependant de ne pas croire que je vous aye cauſé ce déplaiſir volontairement, aux Dieux ne plaiſe, qu'il me vint jamais dans la penſée de vous faire la moindre peine ; & ſi vous étiez menacé de quelque malheur, je voudrois le détourner aux dépens de tout mon ſang ; mais ma mauvaiſe fortune a voulu que ce qu'on m'envoyoit faire pour un autre a malheureuſement retombé ſur vous.

Ce diſcours renouvellant ma curioſité naturelle, & ſouhaitant paſſionnément d'apprendre la cauſe de cette affaire où je ne comprenois rien : Je couperai, lui dis-je, en mille morceaux cette infame & maudite couroye, que tu avois deſtinée pour te maltraiter, plûtôt que d'en toucher ta peau blanche & délicate. Mais de grace, conte-moi fidellement par quel malheur ce que tu préparois pour un autre a retombé ſur moi ; car je jure par tes beaux yeux que j'adore, que je te croi incapable de penser seulement la moindre chose pour me faire de la peine, qui que ce pût être qui m'assurât du contraire, & quand ce seroit toi-même. Au reste, on ne doit pas imputer la faute du mauvais événement d'une affaire à ceux qui en sont la cause, quand ils n'ont eu que de bonnes intentions. En achevant ces mots, j'embrassois tendrement Fotis, qui me faisoit voir dans ses yeux languissans, & fermés à moitié, tout ce que l'amour a de plus tendre & de plus pressant. L'ayant ainsi rassurée: Souffrez, me dit-elle, avant toutes choses, que je ferme soigneusement la porte de la chambre, de peur de me rendre coupable envers ma maîtresse d'un grand crime, si par mon imprudence on venoit à entendre quelque chose de ce que je vais vous dire. En même-tems elle ferme la porte aux verroux & au crochet, revient

à

à moi, ſe jette à mon cou, & m'embraſſant de tout ſon cœur: Je tremble de peur, me dit-elle d'une voix baſſe; de découvrir les myſteres de cette maiſon, & de révéler les ſecrets de ma Maîtreſſe; mais je préſume mieux de vous & de votre prudence, vous qui, outre la grandeur de votre naiſſance & l'élévation de votre eſprit, êtes initié dans pluſieurs myſteres de la Religion, & connoiſſez ſans doute la foi que demande le ſecret. Je vous conjure donc, qu'il ne vous échape jamais rien de ce que je vais vous confier, & de récompenſer par un ſilence éternel la ſincerité avec laquelle je vais vous parler; car l'extrême tendreſſe que j'ai pour vous, m'oblige à vous apprendre des choſes que perſonne au monde ne ſçait que moi.

Vous ſçaurez donc tout ce qui ſe paſſe en cette maiſon. Ma Maîrresse a des secrets merveilleux, ausquels les ombres des morts obéïssent, qui troublent les Astres, qui forcent les Dieux & soumettent les Elemens, & jamais elle n'employe avec plus de passion la force de son Art, que quand elle est touchée de la vüë de quelque jeune homme beau & bien fait, ce qui lui arrive assez souvent : même à l'heure qu'il est, elle aime éperdûment un jeune Béotien qui est parfaitement beau, & elle met en œuvre tous les ressorts de la Magie pour s'en faire aimer. Je l'entendis hier au soir de mes propres oreilles qui menaçoit le Soleil de l'obscurcir, & de le couvrir de ténébres pour jamais, s'il ne se couchoit plûtôt qu'à l'ordinaire ; & s'il ne cédoit sa place à la nuit, afin de pouvoir travailler à ses enchantemens.

Dans le tems qu'elle revenoit hier des bains, elle vit par hazard

16

ce jeune homme dans la boutique d'un Barbier ; auſſi-tôt elle me commanda de tâcher d'avoir adroitement quelques-uns de ſes cheveux qu'on avoit coupés qui étoient à terre, & de les lui apporter. Mais le Barbier m'apperçut[16] comme j'en ramaſſois à la dérobée le plus adroitement que je pouvois ; & comme nous avons ma Maîtreſſe & moi cette infame réputation d'être Sorcieres, il me ſaiſit en me querellant avec emportement. Ne ceſſeras-tu point, malheureuſe, me dit-il, de dérober comme tu fais de tems en tems les cheveux que l'on coupe aux jeunes gens les mieux faits ? Si tu ne t'arrête, je te vais mettre tout préſentement entre les mains de la Juſtice. En diſant cela, il fourre ſa main dans mon ſein, & tout en fureur, il y reprend les cheveux que j'y avois déja cachés.

Fort fâchée de ce qui venoit de m'arriver, & faisant réfléxion à l'humeur de ma Maîtresse, qui se met dans une colere épouvantable, quand je manque à faire ce qu'elle m'ordonne, jusqu'à me battre quelquefois à outrance, je songeois à m'enfuir ; mais l'amour que j'ai pour vous m'en ôta aussitôt le dessein. Comme je m'en revenois donc fort triste, j'apperçois un homme qui tondoit avec des ciseaux des Outres de Chévre, après qu'il les eût liés comme il faut, & bien enflés en sorte qu'ils se soutenoient debout. Pour ne m'en pas retourner les mains vuides, je ramasse à terre une bonne quantité de poil de ces Outres qui étoit blond, & par conséquent semblable aux cheveux du jeune Béotien ; & je le donne à ma Maîtresse, en lui déguisant la vérité, de maniere que dès le commencement de la nuit, & avant que

L 7

vous fussiez de retour du souper de Birrhene, Pamphile toute hors d'elle-même, monte dans une guérite couverte de bois, qui est au haut de la maison, & qui a des fenêtres ouvertes de toutes parts, pour recevoir tous les vents, & pour découvrir l'Orient & les autres côtés du monde; lieu qu'elle a choisie comme l'endroit le plus propre à travailler en secret à ses enchantemens.

Elle commence, suivant sa coutume, à étaler tout ce qui servoit à sa Magie, comme plusieurs sortes d'herbes aromatiques, des lames d'airain, gravées de caracteres inconnus, des morceaux de fer qui étoient restés du débris des vaisseaux, où des malheureux avoient fait naufrage, & des restes de cadavres tirés des tombeaux. On voyoit d'un côté des nez & des doigts[17], d'un autre côté des clouds où il restoit encore de la chair des criminels qu'on avoit attachés au gibet ; en un autre endroit, des vases pleins du sang de gens qui avoient été égorgés, & des crânes d'hommes à moitié dévorés par des bêtes sauvages, & arrachés d'entre leurs dents. Puis[18] ayant proferé des paroles magiques sur des entrailles d'animaux encore toutes palpitantes, elle fait un sacrifice, répandant diverses liqueurs, comme du lait de vache, de l'eau de fontaine, du miel de montagne & de l'hidromel ; ensuite ayant noüé & passé ces prétendus cheveux ensemble, en differentes manieres, elle les brûle avec plusieurs parfums sur des charbons ardens. Aussi-tôt par la force invincible de son Art, & par la puissance des esprits qu'elle avoit conjurés, ces corps dont le poil fumoit sur le feu, empruntent les sens & la respiration humaine ; ils ont du sen-

Demaretz in. 13 *Thomassin sc.*

timent ; ils marchent, & viennent où les attiroit l'odeur de leurs dépoüilles qui brûloient, & tâchant d'entrer chez nous, au lieu de ce jeune Béotien que Pamphile attendoit, ils donnent l'assaut à notre porte. Vous arrivâtes dans ce tems-là, avec un peu trop de vin dans la tête, & l'obscurité de la nuit aidant à vous tromper, vous mîtes bravement l'épée à la main, comme fit jadis Ajax en fureur, non pour vous acharner comme lui à tailler en pieces des troupeaux entiers de bêtes vivantes, mais avec un courage fort au-dessus du sien, puisque vous ôtâtes la vie à trois Outres de Chévres enflés de vent ; afin qu'après avoir terrassé vos ennemis, sans que leur sang eût taché vos habits, je pûsse vous embrasser, non comme un homicide, mais comme un Outricide.

Fotis m'ayant ainsi plaisanté,

je continuai sur le même ton : Je puis donc avec raison, lui dis-je, égaler ce premier exploit à un des douze travaux d'Hercule, & comparer les trois Outres que j'ai tués aux trois corps de Gerion, ou aux trois têtes de Cerberes[1], dont il est venu à bout. Mais afin que je te pardonne de bon cœur la faute que tu as faite, qui m'a attiré de si grands chagrins, accorde-moi une chose que je te demande avec la derniere instance. Fais-moi voir ta Maîtresse quand elle travaille à quelqu'operation de cette science divine, quand elle fait ses invocations. Que je la voye au moins quand elle a pris une autre forme ; car j'ai une curiosité extraordinaire de connoître par moi-même quelque chose de la Magie, où je crois aussi que tu n'est pas ignorante. Je n'en dois pas douter, & je l'éprouve en effet, puisque tu m'as soumis à toi comme un esclave ;

17

esclave, moi qui n'ai jamais eu que de l'indifference pour les femmes, même de la premiere qualité ; & puisque tes yeux brillans, ta bouche vermeille, tes beaux cheveux, ta belle gorge & tes caresses m'ont si absolument attaché à toi, que j'en fais mon unique plaisir. Enfin, je ne me souviens plus de mon païs, ni de ma famille ; je ne songe plus à retourner chez moi, & il n'y a rien dans le monde que je voulusse préférer à cette nuit que je passe avec toi.

Que je voudrois bien, mon cher Lucius, me dit-elle, pouvoir faire ce que vous souhaitez ; mais la crainte continuelle que cause à Pamphile la malice des envieux, fait qu'elle se retire en particulier, & qu'elle est toujours seule quand elle travaille à ses enchantemens. Cependant je tenterai de faire ce que vous me demandez au péril de ma vie, & je chercherai avec ſoin le tems & l'occaſion de vous contenter, pourvû, comme je vous l'ai déja dit, que vous gardiez le ſecret que demande une affaire d'une auſſi grande importance. En cauſant ainſi l'un & l'autre, inſenſiblement l'amour nous anima tous deux, & nous fit oublier tout le reſte des choſes du monde, juſqu'à la pointe du jour que nous nous ſéparâmes.

Après avoir encore paſſé quelques nuits, comme nous avions fait celle-là, Fotis toute émuë & toute tremblante, vint me trouver à la hâte, pour me dire, que ſa Maîtreſſe n'ayant pû juſqu'alors rien avancer en ſes amours, quoiqu'elle eût pû faire, devoit ſe changer en oiſeau quand la nuit ſeroit venuë, pour aller trouver celui qu'elle aimoit, & que je me tinſſe prêt pour voir une choſe ſi extraordinaire.

20

Si-tôt qu'il fut nuit, Fotis me conduisit tout doucement & sans faire de bruit à cette guérite qui étoit au haut de la maison; elle me dit de regarder au travers de la porte par une fente, & voici ce que je vis.

Pamphile commence par se deshabiller toute nuë, ensuite elle ouvre un petit coffre, & en tire plusieurs boëtes; elle prend dans l'une une pomade, & l'ayant longtems délayée entre ses mains, elle s'en frotte tout le corps, depuis les pieds jusqu'à la tête; ensuite se tournant vers une lampe allumée, elle prononce tout bas plusieurs paroles; & donnant une petite secousse à tous ses membres, son corps se couvre de duvet, & ensuite de plumes; son nez se courbe & se durcit, & ses ongles s'allongent en forme de griffes. Enfin Pamphile est changée en Hibou. En cet état elle fait un cri plaintif,

& pour s'essayer, elle vole à fleur deterre; puis s'élevant tout d'un coup, elle sort de la chambre à tire d'aîles.

Cette femme par la vertu de ses charmes, change de forme quand elle veut; mais pour moi, quoique je ne fusse point enchanté, j'étois dans un si grand étonnement de ce que je vénois de voir, que je doutois si j'étois encore Lucius. Ainsi tout troublé, comme si j'eusse perdu l'esprit, je croyois rêver, & je me frotois les yeux pour sçavoir si je dormois, ou si j'étois éveillé. A la fin cependant ayant repris mes esprits, je prens la main de Fotis, & la pressant contre mes yeux: Souffre de grace, lui dis-je, pendant que l'occasion le permet, que je profite d'une chose que je dois à la tendresse que tu as pour moi. Ma chere enfant, je te conjure par ces yeux qui sont plus à toi qu'à

21

moi-même, donne-moi de cette même pomade dont s'eſt ſervi Pamphile, & par cette nouvelle faveur au-deſſus de toute reconnoiſſance, aſſure-toi pour jamais un homme qui t'eſt déja tout dévoüé. Fais donc que je puiſſe avoir des aîles pour être auprès de toi comme l'Amour auprès de Venus.

Oh, ho! dit-elle, vous ne l'entendez pas mal, vous êtes un bon fripon : Vous voudriez donc que je fuſſe moi-même la cauſe de mon malheur. Effectivement c'eſt pour les filles de Theſſalie que je garde mon amant ; je voudrois bien ſçavoir quand il ſera changé en oiſeau, où j'irois le chercher, & quand je le reverrois.

Aux Dieux ne plaiſe, lui dis-je, qu'il me vint jamais dans la penſée de commettre une action ſi noire, que de manquer à revenir auprès de toi, après que j'aurai été changé en oiſeau, quand même je pourrois comme l'Aigle élever mon vol jusqu'aux cieux, que Jupiter se serviroit de moi pour annoncer ses ordres, & me donneroit son foudre à porter. Je jure par ces beaux cheveux qui ont enchaîné ma liberté, qu'il n'y a personne au monde que j'aime tant que ma chere Fotis. D'ailleurs je songe qu'après m'être servi de cette pomade, & que j'aurai pris la forme d'un tel oiseau, il n'y a point de maison que je ne doive éviter. En effet, les Dames prendroient un grand plaisir avec un amant beau & gracieux tel que l'est un Hibou : outre que quand ces oiseaux nocturnes sont entrés dans quelque maison, & qu'on peut les y attraper, nous voyons qu'on les attache à la porte, afin de leur faire expier par les tourmens qu'on leur fait souffrir les malheurs dont par leur vol funeste ils ont menacé ceux de la maiſon. Mais j'avois preſque oublié de te demander ce qu'il faudra dire ou faire pour quitter mes plumes étant oiſeau, & reprendre ma forme d'homme.

Ne vous en mettez pas en peine, dit-elle, car ma Maîtreſſe m'a appris tout ce qu'il faut faire pour remettre toutes ces ſortes de métamorphoſes dans leur état naturel ; & ne croyez pas qu'elle m'en ait inſtruite dans la vûë de me faire plaiſir, mais afin que quand elle revient je puiſſe lui donner les ſecours néceſſaires pour lui faire reprendre ſa forme humaine. Au reſte voyez avec quelles ſimples herbes & avec quelle bagatelles on fait une choſe ſi merveilleuſe. Par exemple, il ne lui faudra à ſon retour qu'un bain & un breuvage d'eau de fontaine, où l'on aura mêlé un peu d'anis & quelques feüilles de laurier.

En me donnant plusieurs fois cette assurance, elle entre dans la chambre toute troublée de peur, & tire une boëte d'un petit coffre. Je la pris & la baisai, faisant des vœux, & souhaitant avec passion qu'elle me fût favorable dans l'envie que j'avois de voler dans les airs. M'étant promptement deshabillé, je prens avec empressement plein mes mains de la pomade qui étoit dans la boëte, & je m'en frotte généralement par tout le corps ; ensuite je fais des efforts, en m'élançant comme un oiseau, & remuant les bras pour tâcher de voler. Mais au lieu de duvet & de plumes[2], toute ma peau devient comme du cuir, & se couvre d'un poil long & rude. Les doigts de mes pieds & de mes mains se joignent ensemble, & se durcissent comme de la corne ; du bout de mon échine sort une longue queuë ; mon visage de-

22

2

Legereté, et Ignorance
Nous cause beaucoup de soufrance

le Blond excu. avec privillege du Roy

K·DV·IARDIN
1660 fec

23

LVNAREM noctu, vt ſpeculum, canis inſpicit orbem:
Séque videns, alium credit ineſſe canem,
Et latrat: ſed fruſtra agitur vox irrita ventis,
Et peragit curſus ſurda Diana ſuos.

vient énorme, mes narines s'ouvrent, ma bouche s'agrandit, mes lévres deviennent pendantes, & mes oreilles s'allongent d'une grandeur extraordinaire, & se couvrent d'un poil hérissé. Dans cette extrémité, ne sçachant que faire, je considerois toutes les parties de mon corps, & je vis qu'au lieu d'être changé en oiseau, j'étois changé en âne. Je voulus m'en plaindre, & le reprocher à Fotis; mais n'ayant plus le geste d'un homme, ni l'usage de la voix; tout ce que je pouvois faire étoit d'ouvrir les lévres, & de la regarder de côté, avec des yeux moüillés de larmes, lui demandant ainsi du secours tacitement.

Pour elle, si-tôt qu'elle me vit en cet état: Malheureuse que je suis, s'écria-t'elle en se meurtrissant le visage avec les mains, je suis perduë; la crainte, la précipitation & la ressemblance des boëtes sont causes que je me suis méprise : mais heureusement le remede à cette transformation est encore plus aisé à faire qu'à l'autre ; car en mâchant seulement des roses, me dit-elle, vous quitterez cette figure d'âne, & vous redeviendrez dans le moment, mon cher Lucius, tout comme vous étiez auparavant, & plût aux Dieux que j'eusse des couronnes de roses ! Comme j'ai soin d'en avoir d'ordinaire pour nous le soir, vous ne passeriez pas même la nuit sous cette forme ; mais si-tôt qu'il sera jour, j'y mettrai ordre.

Fotis se lamentoit ainsi ; & moi, quoique je fusse un âne véritable, je conservois cependant l'esprit & le jugement d'un homme, & je délibérai quelque tems en moi-même fort sérieusement, si je ne devois point à coups de pieds &

I. Bassan delin.
Hollar fecit 649

avec les dents, me venger de l'imprudence, ou peut-être de la méchanceté de cette malheureuse femme. Mais une réfléxion prudente m'ôta entierement cette envie inconsiderée ; j'eus peur de me priver par la mort de Fotis des secours nécessaires pour reprendre ma forme naturelle. Baissant donc la tête, & secoüant les oreilles, dissimulant le ressentiment de l'outrage que j'étois forcé de souffrir pour un tems, & cédant à la dure nécessité de l'état où j'étois, je m'en vais à l'écurie auprès de mon cheval, & d'un âne qui appartenoit à Milon. Je m'imaginois que s'il y avoit un instinct secret & naturel parmi les animaux, mon cheval me reconnoîtroit, & qu'ayant compassion de moi, il m'alloit bien recevoir, & me donner la meilleure place & la plus nette. Mais, ô Jupiter, Dieu de l'hospitalité, & vous

Dieux protecteurs de la bonne foi! ce brave cheval qui étoit à moi, & cet âne, approchent leurs têtes l'une de l'autre, & sur le champ conviennent ensemble de ma perte ; si bien que craignans pour leur mangeaille, à peine virent-ils que je m'approchois du râtelier, que baissant les oreilles & tous furieux, ils me poursuivent à grands coups de pieds & me chassent bien loin de l'orge que j'avois mise moi-même ce soir-là devant cet animal si reconnoissant.

Reçû de cette maniere, & chassé loin d'eux, je m'étois retiré dans un coin de l'écurie, rêvant à l'insolence de mes camarades, & méditant à me venger le lendemain de la perfidie de mon cheval, si-tôt que par le secours des roses je serois redevenu Lucius. Alors j'apperçois à un pilier qui soutenoit la poutre de l'écurie par le milieu, l'image de

la Déesse Epone qui étoit dans une petite niche qu'on avoit ornée de bouquets & d'une couronne de roses nouvellement cueillies. Voyant ce remede salutaire, je m'en approche plein d'une douce esperance ; je me leve sur les pieds de derriere, m'appuyant avec ceux de devant contre le pilier, & allongeant la tête & les lévres le plus qu'il m'étoit possible, je tâchois d'atteindre jusqu'aux roses, quand malheureusement mon valet qui avoit le soin de mon cheval, m'apperçût, & se levant de colere : Jusqu'à quand, dit-il, souffrirons-nous cette rosse, qui vouloit manger il n'y a qu'un moment l'orge & le foin de nos bêtes, & qui en veut présentement aux images des Dieux ? il faut que j'estropie & que j'assomme ce sacrilege. Cherchant en même-tems quelque instrument pour cet effet, il trouve un fagot, & en ayant tiré le plus gros bâton, il se met à frapper sur moi de toute sa force & sans discontinuer, jusqu'à ce qu'il entendit enfoncer la porte de la maison à grand bruit, & la rumeur que faisoient les voisins qui crioient, Aux voleurs ; ce qui lui fit prendre la fuite tout épouvanté.

Si-tôt que la porte de notre maison fut jettée par terre, une partie des voleurs entre pour la piller, & l'autre l'investit l'épée à la main. Les voisins accourent au secours de tous côtés ; mais les voleurs leur font tête. Il y faisoit clair comme en plein jour, par la quantité de flambeaux & d'épées nuës qui brilloient à la lumiere. Pendant ce tems-là, quelques-uns de ces voleurs vont à un magazin qui étoit au milieu du logis, où Milon serroit toutes ses richesses, & à grands coups de haches en enfoncent la porte, quoiqu'elle fût bien forte & bien baricadée. Ils enlevent tout ce

25

qu'ils y trouvent, font leurs paquets à la hâte, & en prennent chacun leur charge ; mais ils n'étoient pas aſſez de monde pour pouvoir emporter la quantité de richeſſes qu'ils avoient. Cela les obligea, ne ſçachant comment faire, à tirer mon cheval de l'écurie, & deux ânes que nous étions, & à nous charger tous trois le plus qu'il leur fut poſſible. Ayant tout pillé dans la maiſon, ils en ſortirent en nous faiſant marcher devant eux à coups de bâton. Et après avoir laiſſé un de leur camarade dans la ville, pour voir quelle perquiſition l'on feroit de ce vol, & pour leur en rendre compte, ils nous firent aller le plus vîte qu'ils pûrent dans des montagnes & par des endroits écartés & déſerts.

J'étois prêt de ſuccomber & de mourir accablé du poids de tant de choſes que je portois, joint à la longue traite qu'on nous faiſoit faire, au travers d'une montagne fort rude, quand je m'aviſai de recourir tout de bon à la Juſtice, & d'interpoſer le ſacré nom de l'Empereur, pour me délivrer de tant de miſeres. Comme nous paſſions donc au milieu d'un Bourg où il y avoit beaucoup de monde, à cauſe d'une foire qui s'y tenoit, le jour étant déja fort grand, je voulus devant tous ces Grecs invoquer l'auguſte nom de Ceſar en ma langue naturelle, & je m'écriai : O, aſſez diſtinctement ; mais je ne pus jamais achever, ni prononcer, Ceſar. Alors les voleurs ſe mocquant de ma voix rude & diſcordante, me déchirerent ſi bien la peau à coup de bâton, qu'elle n'auroit pas été bonne à faire un crible.

Enfin [7] Jupiter me préſenta un moyen de finir mes malheurs, dans le

le tems que j'y pensois le moins. Car après avoir traversé plusieurs hamaux & plusieurs villages, j'apperçus un jardin[25] assez agréable, où entr'autres fleurs il y avoit des roses fraîches & vermeilles, couvertes encore de la rosée du matin. N'aspirant qu'après cela, j'y courus plein de joye & d'esperance: mais comme je remuois déja les lévres pour en prendre quelques-unes, je changeai d'avis fort prudemment, faisant réfléxion, que si d'âne que j'étois, je redevenois alors Lucius, je m'exposois évidemment à périr par les mains des voleurs, parce qu'ils me croiroient Magicien, ou parce qu'ils auroient peur que je ne les découvrisse. Si-bien que je m'abstins de manger des roses, & avec raison. Prenant donc mon mal en patience, je rongeois mon frein sous ma figure d'âne.

Fin du troisiéme Livre.

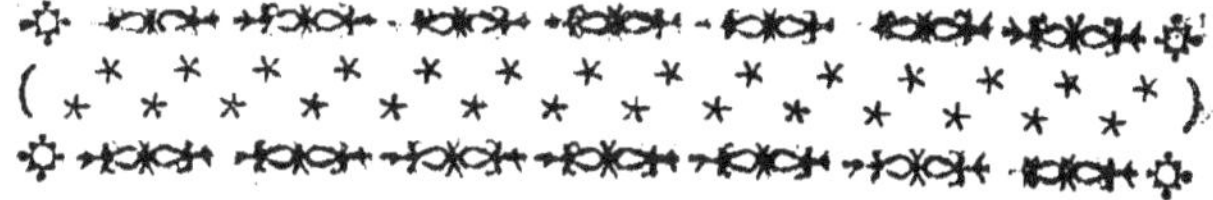

REMARQUES SUR LE TROISIE'ME LIVRE.

L'AURORE *à peine recommençoit sa course dans les Cieux.* Le texte dit, *Commodum punicantibus phaleris Aurora roseum quatiens lacertum, cœlum inequitabat. Déja l'Aurore dans son char par le mouvement de son bras couleur de roses, excitoit dans les airs la course de ses chevaux, dont les harnois sont d'un rouge éclatant.* Cela m'a paru trop poetique pour de la prose Françoise, & j'ai crû qu'il suffisoit de l'exprimer comme j'ai fait. Les Poëtes ont feint que l'Aurore avoit un mari extrêmement vieux nommé Thithon, & qu'elle avoit coûtume de se lever avant le Jour. Elle est fille d'Hypérion & de Thia, selon Hésiode en sa Theogonie, & selon d'autres de Titan & de la Terre, ou du Soleil & de la Terre.

Et qu'on m'eût promené comme on fait les victimes quand on veut appaiser la colere des Dieux. Anciennement chez de certains Peuples, & même dans les Gaules à Marseille, lors qu'on étoit affligé de quelque calamité publique, comme de la famine, de la peste, de la guerre,&c. on choisissoit un homme le plus mal-fait & le plus disgracié de la nature qui se pouvoit trouver; on le nourrissoit pendant un an de mets exquis & succulens, ensuite on le promenoit dans toutes les places de la ville, & après l'avoir chargé de toutes sortes d'imprécations, pour détourner sur lui seul tous les maux dont on étoit affligé ou menacé, on le jettoit dans la mer.

Qu'un jugement de cette importance fût rendu dans la place où l'on représentoit les Jeux. J'ai exprimé ainsi, *fût rendu dans le Theâtre*, qui est dans le texte, parce que ce terme de Theâtre, qui chez les Anciens comprenoit toute l'enceinte du lieu commun aux Acteurs & aux Spectateurs, ne s'entend chez nous que d'un lieu élevé, où l'Acteur paroît & où se passe l'action. Tout cet édifice en general destiné aux spectacles des anciens Jeux publics, qui se nommoit le Theâtre comprenoit la Scene, l'Orchestre & les degrez qui servoient de siége aux

Spectateurs. La Scene avoit trois parties principales. 1. Le Pupitre ou *Proscenium*, c'est-à-dire, le devant de la Scene. 2. La Scene proprement prise. 3. Le derriére de la Scene, en Latin *Poscenium*. Le Pupitre étoit le lieu élevé sur lequel les Acteurs joüoient, qui est ce que nous appellons aujourd'hui le Théâtre. Ce Pupitre ou *Proscenium*, avoit deux parties aux Théâtres des Grecs, l'une où les Acteurs joüoient, & l'autre où les Chœurs venoient réciter, & où les Pantomines faisoient leurs representations; ce qu'ils nommoient *Loreïon*. La Scene étoit une face de bâtiment d'une structure magnifique & enrichie de décorations. Le derriére de la Scene ou *Poscenium* étoit le lieu où se retiroient les Acteurs & où ils s'habilloient.

La seconde partie du Théâtre pris en general étoit l'Orchestre; c'étoit le lieu le plus bas du Théâtre, qui étoit un demi-cercle enfermé au milieu des degrez. Chez les Grecs, il faisoit partie de la Scene prise en général; mais chez les Romains, aucun des Acteurs ne descendoit dans l'Orchestre, qui étoit occupé par les siéges des Sénateurs.

La troisiéme partie du Théâtre pris

THEATRE

en general, étoient les Degrez où les Spectateurs étoient assis, qui avoient plus d'étenduë à mesure qu'ils s'élevoient. Dans les premiers tems, on n'étoit assis que sur la pierre ou le bois dont ces Degrez étoient faits, mais dans la suite on y mit des oreillers ou d'autres sortes de siéges.

Pour donner quelque idée de la magnificence des Théâtres des Anciens, je parlerai seulement de celui que M. Scaurus étant Edile fit bâtir à Rome. Il contenoit quatre-vingt mille personnes; il y avoit trois cens soixante colonnes, en trois rangs les uns sur les autres. Celles d'en-bas qui avoient trente-huit pieds de haut étoient de marbre; celles du second rang étoient de cristal, & les troisiémes étoient dorées. Entre toutes ces colonnes, il y avoit trois mille statuës de bronze, avec un très-grand nombre de riches tableaux. *Pline l. 36. chap.* 15.

Un petit vase plein d'eau. Ce vase se nommoit Clepsidre; l'eau dont on le remplissoit étoit un quart d'heure, ou un peu plus à en sortir. On accordoit un plus grand nombre de Clepsidres à l'accusé qu'à l'accusateur, parce qu'on supposoit qu'il falloit plus de tems pour se justifier, qu'il n'en falloit pour accuſer.

Car le Valet qui l'accompagnoit s'eſt ſauvé ſans qu'on ait pû le découvrir, & cela réduit l'affaire au point qu'il faut donner la queſtion au coupable. Quand quelqu'un étoit accuſé d'un crime chez les Anciens, la coûtume étoit d'appliquer tous ſes eſclaves à la queſtion pour en découvrir la vérité. C'eſt ce qui fait que le Juge dit ici, qu'il faut donner la queſtion à Apulée, puiſque ſon Valet a diſparu, & qu'on ne peut plus apprendre la vérité du fait par ſon moyen.

Le feu & la roüe à la maniere de la Gréce, Cette maniere de donner la queſtion par le feu & la roüe eſt auſſi rapporté dans Achilles-Tatius. Les Romains au lieu de feu & de roüe, ſe ſervoient de lames ardentes & du chevalet, qui faiſoient les mêmes effets; les lames de brûler, & le chevalet de tirer & d'étendre les membres avec violence, comme la roüe chez les Grecs.

Comme un homme qu'il ne falloit plus compter au nombre des vivans. L'Auteur dit, *In peculio Proſerpinæ, & Orci familia numeratus. Comme un homme déja acquis & confiſqué à Proſerpine, & enrôlé parmi les eſclaves de Pluton.* Le bien particulier que les meres, les enfans & les esclaves possédoient sous l'autorité du pere de famille se nommoit *Peculium*. Cette périphrase ne veut dire que ce que j'ai exprimé plus simplement, & elle m'a paru trop Poëtique pour de la Prose Françoise.

Et je ne repris point mes esprits. Le texte dit, *Nec prius ab Inferis emersi. Et je ne sortis point des Enfers.* Apulée étoit si accablé de ce qui venoit de lui arriver, & il avoit si bien crû perdre la vie, qu'il se regardoit déja comme un homme descendu aux Enfers, jusqu'au moment que son hôte Milon vint le prendre par la main pour l'emmener chez lui.

Car elle vous choisit pour son Protecteur. C'étoit la coûtume des Provinces soumises à l'Empire Romain, de se choisir à Rome des Protecteurs pour les affaires qui les regardoient. C'est ainsi que Lacedemone étoit sous la protection des Claudiens, Boulogne sous celles des Antoines, la Sicile sous celle de Ciceron, ainsi des autres.

Elle vous a décerné une statuë de bronze. Entre les plus éclatantes marques d'honneur qu'on pouvoit donner aux grands Hommes, celle qui tenoit le premier rang, étoit de leur élever des statuës,

D'abord elles ne se donnoient qu'aux Heros qui l'avoient mérité par de grands exploits ; mais dans la suite, on en récompensa aussi le merite de ceux qui se rendoient recommandables par leur doctrine & par leur éloquence, ou par quelque bien-fait particulier que le public en avoit reçû.

Un des domestiques de Birrene vint m'avertir, que l'heure approchoit d'aller souper chez elle. C'étoit la coûtume des Anciens, lorsqu'ils avoient invité quelques personnes à venir manger chez eux, de les envoyer encore avertir quand l'heure du repas approchoit. Ainsi Terence dans l'Heauton-Timorumenos fait dire à Chremés.

——Sed, ut dixi tempus est
Monere oportet me tunc vicinum Phaniam
Ad cœnam ut veniat. Ibo ut visam si domi est.
Nihil usus fuit monitore ; jam dudum domi
Præsto apud me esse ajunt. Egomet convivas
moror.

Mais le jour est déja bien avancé, il faut que j'aille avertir nôtre Phania de venir souper avec nous ; je vais voir s'il n'y seroit point allé. Il n'a pas eu besoin d'avertisseur, on vient de me dire qu'il y est déja. C'est moi-même

Contraſto tra Vlyſſe & Aiace per l'arme d'Achille.

Achille morto, il fier giouane Aiace
Vuol l'arme hauer, ma ſe gli oppone Vlyſſe.
Quel mette innanzi ogni ſuo fatto audace.
Queſto, che più di lui gia fece & diſſe,
Il conſiglio de i Greci aſcolta & tace,
Et tiene in amendue le luci fiſſe,
Ma tanto han forza al fin l'arte & l'ingegno,
Ch' Vlyſſe è fatto ſol dell' armi degno.

moi-même qui fais attendre les autres. Act. 1. Scen. 2.

Mais comme je ne pouvois penser à cette maison sans frémir. C'étoit à cause de ce qui lui étoit arrivé au retour du soupé qu'il y avoit fait, ou il avoit un peu trop bû.

Etant initié dans plusieurs mystéres de Religion. Saint Augustin dit qu'Apulée étoit Prêtre en Affrique, & qu'alors il y faisoit representer des Jeux publics & des Spectacles de Gladiateurs, de Chasses, &c.

Elle commença suivant sa coûtume à étaler tout ce qui servoit à sa Magie. Vous trouverez dans Lucain livre 6. une magnifique description d'un semblable appareil magique.

[1] *Comme fit jadis Ajax en fureur, non pour vous acharner comme lui à tailler en pieces des troupeaux entiers de bêtes vivantes.* Ajax fils de Telamon, étoit, à ce que dit Homere, après Achille le plus vaillant des Grecs qui étoient au siége de Troye. Achille étant mort, Ajax prétendit avoir ses armes, mais Ulisse s'y opposa & voulut aussi les avoir. L'affaire fut remise à la décision de tous les Chefs de l'armée, & les armes d'Achille

furent adjugées à Ulisse; les Grecs firent plus d'état de sa prudence, que du courage & de la force d'Ajax, qui fut transporté d'une telle fureur de cette préference, qu'il massacroit tous les animaux qu'il rencontroit, croyant toûjours tuer Ulisse. Enfin connoissant son erreur, il devint encore plus furieux; & se tua lui-même.

Insensiblement l'amour nous anima tous deux. J'ai supprimé en cet endroit bien des saletez qui sont dans l'original.

Vous étes un bon fripon. Le texte dit, *Vulpinaris amasio, Vous faites le Renard mon mignon.* La maniére dont je l'ai mis est plus selon nôtre usage. Il est vrai qu'on dit en parlant d'un homme rusé & artificieux, *c'est un fin Renard*; mais cette façon de parler ne convient que dans le stile bas & comique. Le Renard passe pour le plus fin & le plus malicieux de tous les animaux. Esope lui a fort bien conservé son caractere dans ses Fables. Quelques personnes reprochoient un jour à Lysandre Lacédémonien, qu'il employoit l'artifice & la fourberie pour venir à bout de ses desseins. Il leur répondit en riant, que quand on ne pouvoit parvenir à ce

qu'on souhaitoit avec la peau du Lion, il falloit se couvrir de la peau du Renard.

Vous voudriez donc que je fusse moi même la cause de mon malheur. Le texte dit, *Meque sponte asciam cruribus meis illidere compellis*, *Vous voulez que je me donne moi-même de la hache dans les jambes.* C'est une métaphore tirée des Charpentiers qui sont assez mal-adroits pour se blesser de leurs propres outils. Cé sont-là de ces sortes de phrases qui ne vaudroient rien dans une traduction, & qu'il faut rendre par d'autres façons de parler, conformes au genie de nôtre langue, & au sens de l'Auteur.

Mes oreilles s'allongent d'une grandeur énorme, & se couvrent d'un poil hérissé. L'Auteur met à la suite de cela une circonstance de sa métamorphose, qui ne pouvoit pas s'exprimer honnêtement en François; ainsi je l'ai supprimée.

Je délibérai quelque tems en moi-même fort sérieusement, &c. Le Texte dit, *Diu denique ac multum mecum ipse deliberavi, an nequissimam facinorosissimamque feminam illam spissis calcibus feriens, & mordicitus appetens necare deberem. Enfin je délibérai long-tems & fort sérieusement en moi-même si je ne devois point à force de coups de pieds*

& avec les dents mettre à mort cette très-méchante & très-criminelle femme. Ce sentiment d'Apulée m'a paru un peu bien dur. Je conviens qu'il pouvoit être fâché de se voir tout d'un coup métamorphosé en âne. Mais il devoit bien juger par l'amour que Fotis avoit pour lui, par sa douleur de le voir en cet état, & par tout ce qu'elle lui disoit, qu'elle ne l'avoit pas fait par méchanceté ; & cependant sans la réfléxion qu'il fit, qu'il alloit se priver par la mort de Fotis, des secours nécessaires pour reprendre sa premiere forme, il étoit prêt de la tuer comme la plus méchante & la plus abominable femme qui eût jamais été. J'ai crû bien faire d'apporter en cet endroit quelques adoucissemens aux expressions de l'original.

L'image de la Déesse Epône. Epone, ou selon quelques Auteurs, Hippone, étoit la Déesse desChartiers & des Muletiers. Elle présidoit aux écuries, où sa statuë grossiérement faite, étoit d'ordinaire placée dans une niche taillée dans quelque pilier.

De recourir tout de bon à la justice, & d'interposer le sacré nom de l'Empereur. C'est ainsi qu'en usoient ceux qui se

trouvoient dans une grande oppreſſion, ils s'écrioient, *j'en appelle à Ceſar*, ou ſeulement, *ô Ceſar*, & l'on portoit un ſi grand reſpect au nom de l'Empereur, que lorſque quelqu'un l'invoquoit ainſi, on ſuſpendoit le jugement de ſon affaire; ſi c'étoit même un homme condamné au ſupplice, on ne paſſoit pas outre, & ſon affaire étoit portée devant l'Empereur, ou devant des Juges qu'il nommoit.

4 *Des roſes fraîches & vermeilles.* On ne pouvoit guére autrement expliquer le texte qui dit, *roſæ virgines*, *des roſes vierges*, c'eſt-à-dire, des roſes où l'on n'a point encore touché, & qui ne ſont pas tout-à-fait épanoüies.

www.ingramcontent.com/pod-product-compliance
Lightning Source LLC
LaVergne TN
LVHW010102240826
846091LV00017B/232

* 9 7 8 2 3 2 9 4 0 2 3 7 6 *